Ernst Jünger – Joseph Wulf · Der Briefwechsel 1962–1974

Abb. 1: Jünger und Wulf im März 1967 in Berlin (Wulfs Wohnung)

Ernst Jünger – Joseph Wulf
Der Briefwechsel
1962–1974

Herausgegeben von
Anja Keith und Detlev Schöttker

2., durchgesehene Auflage 2020
© 2019 Vittorio Klostermann GmbH · Frankfurt am Main

© für den Anteil von Ernst Jünger: Klett-Cotta – J. G. Cotta'sche Buchhandlung
Nachfolger GmbH, gegr. 1659, Stuttgart
© für den Anteil von Joseph Wulf: Julia Charra-Wulf, Paris

Gedruckt auf Eos Werkdruck von Salzer,
alterungsbeständig und PEFC-zertifiziert.
Satz: Marion Juhas, Frankfurt am Main
Druck und Bindung: docupoint GmbH, Barleben
ISBN 978-3-465-04380-5

Inhalt

Vorwort

Unter den Historikern, die sich mit der Verfolgung und Vernichtung der europäischen Juden im Nationalsozialismus beschäftigt haben, nimmt Joseph Wulf (1912–1974) als Auschwitz-Überlebender eine besondere Stellung ein. 1962 nahm er Kontakt zu Ernst Jünger (1895–1998) auf, mit dem er bis zu seinem Suizid im Oktober 1974 korrespondierte. Der Briefwechsel, der durch Treffen und Telefonate ergänzt wurde, umfasst etwa 150 Schreiben, in denen beide ihre Auffassungen zur NS-Zeit und zum Holocaust sowie zu deren Aufarbeitung dargelegt haben. In vielen Fällen stimmen die Bewertungen der Briefpartner überein, in anderen gibt es zum Teil erhebliche Divergenzen, die von Wulf schärfer betont werden als von Jünger. Die Korrespondenz ist damit ein bedeutendes Zeugnis der Auseinandersetzung mit dem Nationalsozialismus in den sechziger und frühen siebziger Jahren. Sie wird hier erstmals vollständig veröffentlicht.

Der Bestand umfasst Briefe, Postkarten und Ansichtskarten sowie Anlagen mit Schriftstücken, die Einblicke in Wulfs postalische, politische und publizistische Aktivitäten geben. Originale, Durchschriften und Materialien befinden sich im Nachlass Jüngers im Deutschen Literaturarchiv in Marbach (DLA) und im Nachlass Wulfs im Zentralarchiv zur Erforschung der Geschichte der Juden in Deutschland in Heidelberg (ZA). Beide Korrespondenten haben ihre Briefe – einschließlich der Anlagen – als Konvolute überliefert. Die Herausgeber haben die Dokumente verglichen. Druckvorlage sind jeweils die von den Verfassern unterschriebenen Originale. Die Anlagen zu den Briefen wurden für den Stellenkommentar ausgewertet.

Angaben zu Absender und Adressat in den Briefköpfen werden in der Edition weggelassen, da sie sich – bis auf wenige Sendungen aus dem Ausland – wiederholen (bei Jünger: 7941 Wilflingen über Riedlingen; bei Wulf: Giesebrechtstr. 12, 1 Berlin 12). Die Datumsangabe der Briefe findet sich in der kursiv gesetzten Titelzeile nach der laufenden Nummer. Schreibeigentümlichkeiten in den Briefen sind beibehalten; offenkundige Schreibfehler werden in eckigen Klammern korrigiert oder bei einfachen Verschreibungen stillschweigend verbessert. Unterstreichungen entsprechen der Vorlage. Wulfs Vorname wird in seinen Büchern, die im Literaturverzeichnis des Stellenkommentars verzeichnet sind, unterschiedlich geschrieben; ab 1962 verwendet er »ph« am Ende, was im Text generell beibehalten wird.

Im Stellenkommentar wird die laufende Nummer der kommentierten Briefe wiederholt. Da die meisten Briefe maschinenschriftlich verfasst sind, werden Angaben zu Papierträgern und Schriftform nur dann gemacht, wenn die Briefpartner Post-, Foto- oder Klappkarten verwenden bzw. einen Brief handschriftlich verfasst haben. Die kommentierten Briefstellen werden kursiv gesetzt. Auf Literatur wird in den Stellenkommentaren in abgekürzter Form verwiesen; die Titel sind im Literaturverzeichnis vollständig nachgewiesen. Weitere Forschungsliteratur ist im Nachwort genannt, in dem der historische und biographische Kontext der Korrespondenz erläutert wird.

Für die Genehmigung zum Abdruck der Briefe und Bilder danken wir der inzwischen verstorbenen Enkelin von Joseph Wulf, Naomi Wulf (Paris), Wulfs ehemaliger Mitarbeiterin Ursula Böhme (Berlin) und dem Verlag Klett-Cotta (Stuttgart). Für Unterstützung danken wir außerdem den genannten Archiven und ihren Mitarbeitern, insbesondere Monika Preuß und Peter Honigmann (beide ZA). Für Informationen und Hilfen danken wir schließlich Nicolas Berg (Leipzig), Klaus Kempter (Heidelberg), Petra Klara Gamke-Breitschopf (Leipzig), Johanna Schröder (Berlin), Karin Gartung-Schöttker (Berlin), Monika Sommerer (Berlin), Georg Toepfer (Berlin), den Bibliothekarinnen des Leibniz-Zentrums für Literatur- und Kulturforschung (Berlin) sowie Vittorio Klostermann und Anastasia Urban (Frankfurt/Main).

Der Briefwechsel wurde im Vorfeld der Publikation mehrfach vorgestellt: im März 2016 bei einer Lesung auf der Jahrestagung der Ernst und Friedrich Georg Jünger-Gesellschaft in Heiligkreuztal; im Oktober 2017 bei einer Lesung im NS-Dokumentationszentrum in München; im Februar 2018 auf dem Kolloquium »Joseph Wulf – un historien juif polonais en RFA« in Paris. Vorabdrucke ausgewählter Briefe sind erschienen in: *Frankfurter Allgemeine Zeitung*, Nr. 236 vom 11. Oktober 2017 (Beilage »Geisteswissenschaften«); *Jünger-Debatte*, Bd. 1: *Ernst Jünger und das Judentum*. Frankfurt/Main 2017, S. 123–164. Für die Zusammenarbeit bei Lesungen und Vorabdrucken danken wir Patrick Bahners, Thomas Bantle, Aurélia Kalinsky, Michael König, Winfried Nerdinger, Alexander Pschera, Armand Presser und Michael Zöllner.

Hamburg/Berlin, im März 2019   A. K./D. S.

Der Briefwechsel 1962–1974

1 Wulf an Jünger, 16. Dezember 1962

Sehr verehrter Herr Jünger,
ich nehme an, daß Sie vielleicht schon von meinen Büchern über das Dritte Reich gehört haben, und erlaube mir daher, mit folgender Bitte an Sie heranzutreten.

Augenblicklich arbeite ich an einem Buch »Literatur und Dichtung im Dritten Reich«. In meiner Einleitung möchte ich nun gern Ihren Brief an den »Völkischen Beobachter« vom 14. Juni 1934 – er ist im Buche von A. Mohler »Die Schleife – Dokumente zum Weg von Ernst Jünger«, Zürich 1955, in extenso auf Seite 88 zitiert. Ich wäre Ihnen, sehr verehrter Herr Jünger, nun ausserordentlich dankbar, wenn Sie auch mir den Abdruck des Briefes gestatten wollten.

Erlauben Sie mir bei dieser Gelegenheit die Versicherung, daß gerade meine jetzige Arbeit die aufrichtige Anerkennung und Wertschätzung für Ihre Werke aus den Jahren des zweiten Weltkriegs noch wesentlich vertieft und intensiviert hat.
Mit verbindlichen Empfehlungen
Ihr sehr ergebener
J Wulf

2 Jünger an Wulf, 18. Dezember 1962

Sehr geehrter Herr Wulf,
Mit bestem Dank bestätige ich den Empfang Ihrer beiden Bücher. Ich habe mich sogleich in die Aufzeichnungen über das Lodzer Ghetto vertieft. Mit Ihnen halte ich die Dokumentation für den richtigen Weg, solange der ungeheure Stoff nicht durch einen Propheten oder einen Dichter bewältigt wird. Ihrem Bericht über die Warschauer Tragödie sehe ich mit Spannung entgegen.

Vielleicht dienen Ihnen einige Hinweise. Im Jahre 1942 suchte mich in Paris Friedrich Hielscher auf, dem es gelungen war, unter einem Vorwand und unbeaufsichtigt in das Lodzer Ghetto zu gelangen. Seine Berichte haben starken Eindruck auf mich gemacht. Einige Einzelheiten teilte ich der Buchhändlerin Cardot in der Avenue Kléber mit und fand sie zu meinem Erstaunen gut orientiert. Die Nachrichtenübermittlung muß also immer noch funktioniert haben. Ich nehme an, daß Dr. Hielscher seinen damaligen Bericht noch ergänzen kann. Er wohnt 8732 Münnerstadt, Leitschuhweg 1.

Über diesen Besuch und zahlreiche andere, das Thema betreffende Einzelheiten sind Notizen in meinem Journal »Strahlungen« enthalten, dessen vollständige Ausgabe in diesen Tagen vorgelegt worden ist. Leider fehlt es mir an Zeit, die

Stellen nachzuschlagen. Frl. Gerlach, Bibliothekarin (563 Remscheid, Pickertstr. 2) ist darüber auch besser auf dem Laufenden, denn sie hat die Unterlagen kollationiert. Leider habe ich 1944 viel verbrannt, so einen detaillierten Bericht über den Kampf um die Vorherrschaft in Frankreich zwischen Wehrmacht und Partei. Anderes hat sich erhalten, so der Bericht über die Attentate und die Geiselnahme in Frankreich; indessen habe ich ja auch Rücksichten zu nehmen, von denen Sie durchaus entbunden sind.

Was den von Ihnen erwähnten Brief betrifft, so habe ich gegen seinen Abdruck nichts einzuwenden. Bitte benutzen Sie als Unterlage die bei Rowohlt erschienene Monographie von Paetel, in der dieser Brief und ähnliche publiziert worden sind. Ich sende sie Ihnen gleichzeitig als Drucksache.

Das Thema »Warschau« fesselt mich aus verschiedenen Gründen – nicht zuletzt auch deshalb, weil Flavius Josephus zu meinen Lieblingsautoren gehört. Sollte ich einmal nach Berlin kommen oder sollte Sie Ihr Weg in unsere Landschaft führen, so ergibt sich vielleicht Gelegenheit zu einem persönlichen Gespräch.
Mit freundlichem Gruß
Ernst Jünger

3   *Wulf an Jünger, 23. Dezember 1962*

Sehr verehrter Herr Jünger,
haben Sie herzlichen Dank für Ihre freundlichen Zeilen.
Wie fast alles, was mit der Jünger-Literatur zusammenhängt, habe ich auch die Monographie von Paetel gelesen. Bei derartigen Problemen bemühe ich mich stets, ihnen auch wirklich auf den Grund zu gehen.

Ja, das Thema Warschau ist wahrlich, wie Sie sagen, anders nur von einem Propheten oder großem Dichter zu behandeln. Ich habe 15 Jahre hindurch mein Material darüber zusammengesucht und dabei kam es mir natürlich zustatten, daß ich Yiddisch, Hebräisch und Polnisch beherrsche. Übrigens habe ich auch zwei Bücher in yiddischer Sprache veröffentlicht.

Mit gleicher Post schicke ich Ihnen meinen Aufsatz über »Yiddisch«, der im »Parlament« gedruckt wurde. Vielleicht interessiert Sie das, was mich gerade bei Ihnen, sehr verehrter Herr Jünger, sehr freuen würde.

Sie können sich kaum vorstellen, wie sehr es mich freuen würde, Sie anläßlich eines Berlin-Aufenthaltes persönlich kennenzulernen, um ein wenig mit Ihnen zu plaudern. Andererseits will ich Ende Januar – Anfang Februar für 10–14 Tage verreisen, denn ich habe im letzten Jahr ungeheuer angespannt gearbeitet und muß einmal etwas ausspannen. Können Sie mir ein erstklassiges Hotel vielleicht in Ihrer Gegend empfehlen? Erstklassig deswegen, weil ich leider sehr diät essen muß. Sollten Sie da etwas Geeignetes wissen, würde es sich ja unter Umständen einrichten lassen, daß wir uns dort einmal treffen, wenn es sich bei Ihnen einrichten läßt.

Indem ich Ihnen ein frohes Weihnachtsfest und vor allem ein gesegnetes, erfolgreiches Jahr 1963 wünsche, bin ich mit

verbindlichen Empfehlungen

Ihr sehr ergebener

J Wulf

4   *Wulf an Jünger, 27. Dezember 1962*

Sehr verehrter Herr Jünger,

verzeihen Sie bitte, wenn ich Sie plötzlich mit Briefen bombardiere, aber ich hoffe, Sie werden mich verstehen, wenn ich es Ihnen erkläre.

Sie sind nämlich sozusagen der Held meiner Einleitung zum Buch »Literatur und Dichtung im Dritten Reich«, d.h. ich analysiere und erkläre Ihr Verhalten im Dritten Reich als Inbegriff der inneren Emigration eines Schriftstellers im totalitären Staat.

Nun habe ich da aber noch eine Lücke. Sie wurden doch im Jahre 1933 in die neue Dichterakademie berufen. Den Text Ihres Antwortschreibens daraufhin habe ich jedoch leider nicht. Ich wäre Ihnen, sehr verehrter Herr Jünger, deshalb ausserordentlich dankbar, wenn Sie mir freundlicherweise diesen Text zur Verfügung stellen wollten. Sie erwähnen ihn auch in Ihrem Brief an den »Völkischen Beobachter« vom 14. Juni 1934.

Ich bitte nochmals um Entschuldigung für diese erneute Belästigung.

Mit herzlichem Dank im voraus und verbindlichen Empfehlungen

Ihr sehr ergebener

J Wulf

5   *Jünger an Wulf, 31. Dezember 1962*

Sehr geehrter Herr Wulf,

Ihre Briefe kamen an. Ich werde einmal in den Akten nachsehen; diese Händel liegen ziemlich weit zurück, und Ärger genug hats gegeben.

Ein gutes Hotel ist »Die Post« in Saulgau; Sie können sich auf mich berufen.

Für 1963 alles Gute

Ernst Jünger

6   *Wulf an Jünger, 8. Januar 1963*

Sehr verehrter Herr Jünger,
vielen Dank für Ihre freundliche Karte.
Ich werde also am 1. Februar mit meiner Frau im Hotel Kleber Post eintreffen
und wohl etwa 10 Tage in Saulgau bleiben. Auf diese Weise bin ich dann erstmals
im Leben in Württemberg. Es würde mich nun natürlich ausserordentlich freu-
en, Sie während meines dortigen Aufenthalts persönlich kennenzulernen und
ausführlich mit Ihnen plaudern zu können.
    Haben Sie zunächst einmal herzlichen Dank für die Hoteladresse, sehr verehr-
ter Herr Jünger.
Mit verbindlichen Grüßen
stets Ihr ergebener
J Wulf

7   *Jünger an Wulf, 10. Januar 1963*

Sehr geehrter Herr Wulf,
Hoffentlich werden Sie mit Ihrem Aufenthalt bei Kleber zufrieden sein. Mein
Freund André Germain pflegt alljährlich dort zwei Wochen zu verweilen und
kehrt, obwohl er eine verwöhnte Pariser Zunge besitzt, immer gern wieder dort
ein. Ich werde Frau Kleber noch anrufen.
    Bitte teilen Sie mir Ihre Ankunft mit. Ich werde Sie in Saulgau besuchen, hoffe
aber, Sie zuvor mit Ihrer Gattin in Wilflingen zu sehen. Meine Frau wüßte gern,
welches Regime Ihnen vorgeschrieben ist.
Mit guten Wünschen Ihr
Ernst Jünger

8   *Wulf an Jünger, 10. Januar 1963*

Sehr verehrter Herr Jünger,
nun muß ich Sie leider schon wieder stören. Ich bat Sie seinerzeit um Ihren Austrittsbrief aus dem Jahre 1933 an die neugegründete Dichterakademie. Nachdem
ich nun gestern fünf Stunden im Archiv der Preußischen Akademie der Künste
herumgesucht habe, fand ich das Schreiben dort. Manchmal ist meine Krankheit,
die ich Archivitis nenne, ganz nützlich, wie Sie sehen.
    Da ich ein eigenes Fotokopiergerät habe, ließ ich von allen vier Briefen gleich
für Sie auch Fotokopien anfertigen, die ich Ihnen heute beilege.

Ich möchte Sie nun noch bitten, sehr verehrter Herr Jünger, diese Briefe nicht zu veröffentlichen, bevor mein Buch »Literatur und Dichtung im Dritten Reich« erschienen ist. Ich glaube, Sie werden dafür Verständnis haben. Kein Jünger-Forscher hat sich bisher die Mühe gemacht – vielleicht hatte auch niemand von ihnen die Möglichkeit – diese Briefe auszugraben. Da es in meinem Buch sowieso viele derartige bisher unveröffentlichte Dokumente gibt, wäre ich – wie gesagt – auch in Ihrem Fall gern der Erste, der diese Dokumentation bringt.

Und noch etwas, sehr verehrter Herr Jünger: Falls Sie gern Aufklärungen oder Kommentare zu diesen vier Briefen geben wollen, damit ich sie dazu veröffentliche, so würde mich das freuen.

In meiner Einleitung gehe ich vornehmlich auf die Zeit in Ihrem Leben ein, die zwischen Ihrem Brief an den Völkischen Beobachter 1934 bis Kriegsende liegt, weil das für mich ein Symbol der inneren Emigration eines Schriftstellers im totalitären Staat ist.

Ich habe Ihren »Arbeiter« aufmerksam gelesen, wäre Ihnen jedoch sehr dankbar, wenn Sie mir Ihre Bemerkung im Brief vom 16.11.1933 »... meine Anschauungen über das Verhältnis zwischen Rüstung und Kultur, die ich im 59. Kapitel meines Werkes über den Arbeiter niedergelegt habe ...« näher erläutern wollten.

Mein Manuskript ist so gut wie fertig und geht im Februar in Satz, aber selbstverständlich kann ich immer noch etwas einfügen.
Mit vielem Dank im voraus und verbindlichen Empfehlungen
Ihr sehr ergebener
J Wulf

4 Anlagen

9   *Jünger an Wulf, 14. Januar 1963*

Sehr geehrter Herr Wulf,
Alle Achtung vor Ihrer »Archivitis«. Ich glaube kaum, daß ich diese Papiere hier aufgespürt hätte, obwohl ich im Lauf der letzten Jahre an fünfzigtausend Briefe in eine ziemlich übersichtliche Ordnung gebracht habe. Doch gibt es Lücken, da ich einige Male Bestände vernichtete.

Ihrer Bitte, die Briefe nicht zu veröffentlichen, entspreche ich umso eher, als ich das keineswegs beabsichtige. All das bietet ja auch Handhaben für Bösartige.

Daß Sie die Briefe aufgespürt haben, ist mir umso lieber, als ich bereits halb und halb wähnte, sie überhaupt nicht geschrieben zu haben. Diese Angelegenheit war nur eine unter vielen gleichzeitigen und folgenden, die mich weit lebhafter beschäftigten. Ich weiß auch nicht, ob ich den Verlauf noch genau im Gedächtnis habe. Einen schriftlichen Kommentar möchte ich daher nicht geben. Wenn wir uns hier oder in Saulgau darüber unterhalten, werden Sie eine hinreichende Vorstellung gewinnen, und das ist wichtiger.

Die Dinge spielten sich wohl so ab, daß ich zunächst meinen Namen unter einem Aufruf der Dichterakademie fand und versuchte, das durch ein Presse-Communiqué zu berichtigen. Das wurde natürlich unterbunden, und erst daran schloß sich der Briefwechsel an. In meiner Antwort mußte ich versuchen, den Vorwurf der »Heimtücke« zu entkräften.

Die eigentliche Enttäuschung, und das hat mir leid getan, bereitete ich übrigens nicht den Parteileuten, sondern den Konservativen, die meine Wahl betrieben hatten und die der Meinung waren, man müsse, um Gutes zu stiften und Ärgeres zu verhüten, »hineingehen«. Darüber läßt sich auch heute noch debattieren. Ich erwähne das als Beispiel für die Ungenauigkeit der heutigen Schemata. Aber das war wohl schon immer so; Geschichtsschreibung ist Vereinfachung. Da Sie Akten lesen können, lege ich zur Illustration des oben erwähnten zwei Briefe von Hans Grimm dem meinen bei.

Wenn Sie in Saulgau sind, werde ich Ihnen sagen, warum ich glaube, daß Sie ein heißes Eisen anfassen.

Mit freundlichem Gruß Ihr

Ernst Jünger

Die beiden Anlagen bitte nach Ansicht zurück.

Zu Ihrer Frage über den zitierten Passus aus »Der Arbeiter«. Dieser beginnt mit den Sätzen:

»Wir leben in einer Welt, die auf der einen Seite durchaus einer Werkstätte, auf der anderen durchaus einem Museum gleicht. Der Unterschied, den diese beiden Landschaften stellen, ist der, daß niemand gezwungen ist, in einer Werkstätte mehr als eben eine Werkstätte zu sehen, während in der musealen Landschaft eine Erbauungsstimmung herrscht, die groteske Formen angenommen hat.«

Da Sie Akten lesen können, werden Sie übrigens wissen, was damals bereits die Formulierung einer Unterschrift bedeutete.

Grimm war übrigens ein sehr respektabler Mann mit einer verfehlten Lagebeurteilung, Bürger par excellence.

10   *Wulf an Jünger, 15. Januar 1963*

Sehr verehrter Herr Jünger,
anbei übersende ich Ihnen mit Dank die beiden Briefe von Hans Grimm an Sie
zurück.

Sie schreiben »All das bietet ja auch Handhaben für Bösartige«. Ich möchte
Ihnen darauf folgendes antworten: Selbstverständlich hat alles, was ich Ihnen
jetzt sage, nur mit meiner Arbeit zu tun. Bösartige gibt es immer und überall. Ich
bemühe mich mit all meinen Kräften, objektiv zu sein, obwohl – das gebe ich zu
– diese Objektivität in den ersten Nachkriegsjahren nach meinen beiden Jahren
in Auschwitz und nachdem meine ganze Familie vergast wurde, nicht so leicht
war. Es ist ein sehr schweres Ringen gewesen. Ich hatte jedoch beschlossen, keine einzige Zeile über die Jahre 1933–1945 zu veröffentlichen, bevor ich zu dieser
Objektivität nicht fähig war. Und auch heute kontrolliere ich mich in dieser Hinsicht immer noch weiter. Wenn ich nicht an meine objektive Einstellung glauben
würde, hielte ich mein Schreiben für unwürdig. Neutral bin ich allerdings nie.
Neutralität in diesen Dingen halte ich ebenfalls für unwürdig. Erlauben Sie ein
Beispiel! Wenn ein deutscher Schriftsteller eine Biographie über Walter Ulbricht
schreiben sollte, muß er wohl objektiv, darf jedoch nie neutral sein. In meinem
Buche »Die Bildenden Künste im Dritten Reich«, das Sie Anfang Februar erhalten
werden, zitierte ich in meiner Einleitung in diesem Sinne ein Motto von Hans
Rothfels. Das gleiche Motto gilt für alle weiteren Bücher meiner Kunstserie, die
noch erscheinen werden.

Ich schreibe Ihnen das deshalb, um Ihnen verständlich zu machen, daß ich
auch hinsichtlich Ihrer menschlichen Haltung als Schriftsteller im Dritten Reich
im Rahmen meines Buches »Literatur und Dichtung im Dritten Reich« objektiv,
aber nicht neutral bin. D. h. ich spreche in aller Offenheit und mit vollem Bewußtsein hell begeistert über Ihre Persönlichkeit und Entwicklung. Darf ich bei
dieser Gelegenheit aus meiner Einleitung etwas zitieren? Bevor ich übrigens an
den Fall »Ernst Jünger« herangehe, sage ich folgendes: »Der Scheideweg lag damals nicht zwischen rechts und links, war keine Frage von radikal oder konservativ, sondern lediglich ein Problem von Charakter und menschlicher Haltung.«
Und weiter schreibe ich dann:

»›Man braucht weder Luther noch Calvin, um Gott zu lieben‹, schrieb Friedrich der Große einmal, und hinsichtlich der Jahre 1933–1945 bestätigt Ernst Jünger dies gerade unübertrefflich.«

Ich glaube, aus diesen beiden Zitaten ersehen Sie eindeutig, wie ich die Dokumentation bezüglich Ihrer Person auswerte. Später wird das noch im einzelnen
analysiert.

Wie Sie selbst schreiben, werden wir ja in Saulgau oder auch in Wilflingen uns
darüber ausgiebig unterhalten können. Ich wollte dies nur schon heute einleitend
zu unseren Gesprächen festlegen.

Eine ganz entgegengesetzte Meinung habe ich über Hans Grimm. Ein »sehr

respektabler Mann und Bürger par excellence« – wie Sie sagen – schreibt nicht
»Die Gesunden haben mehr Recht als die Kranken«. Das aber schrieb er 1936.

Alle diese Probleme lassen sich in diesem Brief natürlich nur im Telegrammstil
erwähnen. Ich verfolge damit auch nur den Zweck, daß Sie mich schon bevor
wir uns treffen, möglichst so sehen, wie ich bin.
Mit verbindlichen Grüßen
Ihr sehr ergebener
J Wulf

11   Jünger an Wulf, 20. Januar 1963

Sehr geehrter Herr Wulf,
Besten Dank für Ihre Zeilen vom 15. Januar. Meine Bemerkung bezog sich natürlich nur auf meine eigenen Erfahrungen, nicht aber auf Ihre Methodik, von
der ich durch die Lektüre Ihrer beiden Bücher einen hinreichenden Eindruck
gewonnen habe. Ich würde wahrscheinlich nach solchen Erfahrungen dieser
Objektivität nicht fähig sein.

Professor Rothfels bin ich während der letzten Jahre verschiedentlich begeg-
net, auch hier in Wilflingen, wo er hin und wieder Stauffenbergs besucht. Das
Zitat von Grimm, das Sie erwähnen, finde ich nicht so toll. Seit dem Aufkommen
von Darwins Theorie hat man dergleichen oft gehört. Außerdem ist leider etwas
Richtiges dran. Das merkt man schon, wenn man sich zu Bett legen muß.

Hier herrscht seit zwei Monaten strenge Kälte. Leider werde ich erst im Mai
ans Mittelmeer fahren können – so lange dauert es bis zum Abschluß meiner
laufenden Arbeiten.
Mit besten Grüßen Ihr
Ernst Jünger

12   Wulf an Jünger, 22. Januar 1963

Sehr verehrter Herr Jünger,
besten Dank für Ihren Brief vom 20. ds. Mts. Wie ich schon telefonisch mit Frau
Kleber verabredete, komme ich – falls nicht im letzten Augenblick etwas dazwischen kommt – am 1. Februar nach dort. Ich habe auch vereinbart, daß Frau Kleber mir ein Taxi von Stuttgart nach Saulgau beschafft, damit ich in dieser Kälte
nicht umsteigen muß.
Mit den besten Grüssen
Ihr sehr ergebener
J Wulf

13 Jünger an Wulf, 26. Januar 1963

Sehr geehrter Herr Wulf,
Besten Dank für die Dokumente.
  Gleich auf den ersten Seiten begegnete mir der widrige Bouhler, der im Herbst 1940 meinen Kopf forderte.
  Wenn Sie in Saulgau sind, rufen Sie mich bitte an.
(Langenenslingen 152)
  Aus der Familie Kleber stammt übrigens auch der französische General.
Mit bestem Gruss:
Ernst Jünger

14 Wulf an Jünger, 10. Februar 1963

Sehr verehrter Herr Jünger,
die Kontaktaufnahme des Menschen mit seiner Umwelt ist meinem Empfinden nach oft ausserordentlich schwierig. Ich kann mir auch kaum zwei Menschen vorstellen, die ihrer geistigen Herkunft und Entwicklung nach so verschieden sind wie gerade Sie und ich. Das wußten und wissen wir selbstverständlich beide. Aber meine Pilgerfahrt zu Ihnen – so nennen meine Frau und ich nämlich die Reise zu Ihnen, sehr verehrter Herr Jünger – bewies mir wieder einmal, was ein Spinoza oder ein Descartes feststellten: je mehr der menschliche Geist erfaßt, desto besser erkennt er die eigenen Kräfte und die eigene Substanz. Jedenfalls möchte ich Ihnen für alles, was Sie sagten und was ich darüber hinaus zu erfühlen vermeinte, herzlichst danken.
  Vor allem bestätigte mich diese Pilgerfahrt in meinem Standpunkt über Ihre einmalige Haltung in jenen Jahren, die ich so eifrig studiere. So eine Bestätigung war für mich von grundsätzlicher Bedeutung, da es ja die Grundthese meines Buches ist. Im Gegensatz zu Ihnen ist das, was ich schreibe, kein »logbuch« – Logbücher haben doch verschiedene Fahrtziele – denn ich bin nun mal hinsichtlich des totalitären Staates, ob braun oder rot, – ein »engagé«, wenn klassische Historiker so etwas auch nicht ertragen können, da sie darin ein Hindernis für die Objektivität erblicken. Daß ich so bin, ist aber eben ein Resultat meiner Erziehung und meines Lebens.
  Schließlich möchten meine Frau und ich uns nochmals herzlich bei Ihrer Gattin und Ihnen für die so liebenswürdige Aufnahme bedanken, für all die Mühe, die viele Zeit, die Sie mir opferten, und eben für die herrlichen mit Ihnen verbrachten Stunden, die für uns beide ein wirklich großes Erlebnis waren.
  Falls Sie mit Ihrer verehrten Gattin einmal nach Berlin kommen, gehen wir auf jeden Fall ins Maison de France, damit Sie sich – wenigstens kulinarisch – ein wenig in Frankreich fühlen können.

Mit herzlichen Grüßen von Haus zu Haus und allen guten Wünschen für Sie und
Ihre Gattin
stets Ihr sehr ergebener
J Wulf

15   *Jünger an Wulf, 12. Februar 1963*

Lieber Herr Wulf,
Wir freuen uns, daß Sie trotz dem polaren Wetter wieder heil in Berlin angelangt
sind. Ihr Besuch ist uns in guter Erinnerung. Ich war von Anfang an, und besonders nach der Lektüre Ihrer Bücher, überzeugt, daß er harmonisch verlaufen
würde. Früher war das ja überhaupt bei jeder Begegnung zwischen Gebildeten,
und sogar in den Parlamenten, selbstverständlich.
     Ich lege Ihnen den Brief eines amerikanischen Studenten bei. Der Ansicht, die
ich in meiner Antwort geäußert habe, werden Sie kaum beistimmen. Hoffentlich
sind Sie aber damit einverstanden, daß ich in dem Zusammenhang Ihren Namen
genannt habe. Was Carossa betrifft, so entsinne ich mich, daß er, gewissermaßen
noch im letzten Moment, und offenbar aus seiner politischen Ahnungslosigkeit
heraus, den Vorsitz in einer Vereinigung europäischer Schriftsteller übernahm.
Wie die meisten jener Dinge hat sich das aber fast ganz in meinem Gedächtnis
verwischt; und Sie haben recht darin, daß man, um zu einem Urteil zu kommen,
die Akten zu Rate ziehen muß. Erstaunlich ist die Art und Weise, in der die Amerikaner sich mit den kleinsten Einzelheiten unserer Geschichte beschäftigen. Ich
bekam von dort bereits Anfragen über Professoren, bei denen ich in den zwanziger Jahren studiert habe.
Mit freundlichen Grüßen, auch an Frau Wulf
Ihr
Ernst Jünger

Liebe Wulfs, auch ich will schnell noch meine sehr herzlichen Grüße beifügen
u. Ihnen sagen, wie sehr mich Ihr Besuch gefreut hat. Es wäre schön, wenn er
sich gelegentlich wiederholte. Vor allem möchte ich jetzt schon ganz herzlich
Frau Wulf einladen, im Sommer einmal einen längeren Aufenthalt bei uns zu
nehmen, Tage oder Wochen, so lange sie will, u. sich in unserer dörflichen Stille
u. unseren herrlichen Wäldern zu erholen. Im Sommer ists bezaubernd bei uns!
Ihre
Liselotte Jünger

16 *Wulf an Jünger, 14. Februar 1963*

Sehr verehrter, lieber Herr Jünger,
Sie sprechen in Ihrem Brief vom 12. ds. Mts. über Harmonie. Sie haben recht
damit. Das ist der beste Ausdruck dafür. Philosophisch ausgedrückt: es war eine
den Gesetzen der Ästhetik und Logik entsprechende Anpassung.

Den Brief des Studenten Glenn S. Leavitt anbei wunschgemäß zurück. Viel
werde auch ich ihm nicht über Carossa in den Jahren 1933–1945 sagen können.
Er spielte damals kaum eine Rolle, obwohl – Sie sprechen über seine politische
Ahnungslosigkeit – ein Schriftsteller mit Haltung und Anstand im totalitären
Staate besser Hauswart als irgendein Präsident oder sonst Funktionär sein sollte,
falls er schon zum aktiven Widerstand nicht fähig ist.

Sie irren, wenn Sie meinen, ich könne Ihrer Ansicht im Brief an den Studenten
kaum beistimmen. Es ist genau die Definition meiner Anschauung, wenn man
schon »an Ort und Stelle« bleibt. Ich vertrete nur den Standpunkt, daß der to-
talitäre Staat dem Menschen kaum eine Chance gibt. Erinnern Sie sich bitte an
»Gandhi in Auschwitz« bei unserem Gespräch in Ihrem Arbeitszimmer. Aus so
einem Staate kommt man kaum ganz heil heraus.

Diese Woche soll ich den ersten Band meiner Serie bekommen, und werde
Ihnen dann ein Exemplar schicken.

Ihnen, verehrte Frau Jünger, werde ich dann ein kleines Büchlein von mir bei-
legen, die Biographie des jungen schwedischen Diplomaten Raoul Wallenberg,
der Tausende von Menschen aus eigener Initiative rettete. Meine Frau und ich
wurden von Ihrer menschlichen Wärme so wohltuend berührt, daß wir deshalb
gerade dieses Buch wählten.
Mit freundlichen Grüßen von Haus zu Haus und einem Handkuß für Sie,
Madame,
Ihr sehr ergebener
J Wulf

17 *Jünger an Wulf, 28. Februar 1963*

Lieber Herr Wulf,
Wir müssen Ihnen noch unseren Dank sagen für die beiden Bücher und Ihren
Brief vom 14. Februar, der sie ankündigte. Ich habe das meine über die bildende
Kunst bereits gelesen und wieder über die Fülle und Dokumentierung des Darge-
botenen gestaunt. Mein Aktenwolf hat auch gleich eine Differenz innerhalb der
Titulierung erspäht: nämlich einmal »Josef« und einmal »Joseph« Wulf.

Hier ists immer noch erstaunlich kalt. Vor einigen Tagen fuhren wir zum Bo-
densee, gingen über das Eis nach Wallhausen und aßen dort zu Mittag. Die Fas-

nacht schloß gestern mit einem Essen im Altheimer »Adler« ab – auch Barts waren herübergekommen.

Immer größer wird meine Sehnsucht nach dem Mittelmeer. Wenn der Frost noch anhält, ist es leicht möglich, daß wir ohne Unterbrechung vier Monate Schnee haben.

Auf Ihren Band über die Literatur bin ich gespannt. Wahrscheinlich wird er noch aufregender als seine Vorgänger, da Literaten geschwätziger sind als Maler und Bildhauer und umfangreichere Selbstzeugnisse abgeben.

Haben Sie schon einmal darüber nachgedacht, wo heute noch Gremien bestehen, die Achtung zu vergeben haben? Die werden ebenso selten wie die weißen Westen, wenns Schlamm regnet. Ich kenne manchen Kritiker, der heute anbetet, was er gestern mit Füßen getreten hat, und umgekehrt. Auch bei Ihnen fand ich deren zitiert. Man bleibt auf Selbstachtung angewiesen – da freilich kann man am wenigsten befriedigen.

Meine Frau läßt grüßen. Mit guten Wünschen für Sie und die Gattin

Ihr

Ernst Jünger

18   *Jünger an Wulf, 12. März 1963*

Lieber Herr Wulf,

Bei meiner Lektüre des Liddell Hart, eines noblen Gegners, stieß ich auf die Maxime: »Niemand soll verurteilt werden, es sei denn aus seinem eigenen Munde.« Das läßt sich hören, trifft aber wohl nicht für jede Sparte der Geschichtsschreibung zu. Auf vielen Gebieten fehlen die Akten oder sind nicht beizuziehen. Auf die Jurisdiktion dagegen kann das Wort in weitem Umfang angewendet werden. Nicht nur die Urteile sind meist geschrieben, sondern auch die Begründungen. Da gilt also der alte Spruch: »Dein Urteil ist dein Urteil«. Jede Urteilsbegründung und jede Personalbeurteilung ist eine Selbstbeurteilung.

Hoffentlich sind Sie wohlauf. Hier in Wilflingen herrscht die Grippe. Jetzt muß es in den syrischen Wüsten schön sein, in denen ich vor zwei Jahren mein Wesen trieb. Ich komme in diesem Jahr erst im Mai ans Mittelmeer. Grüßen Sie Ihre Gattin von uns.

Ihr

Ernst Jünger

19   Wulf an Jünger, 14. März 1963

Lieber, verehrter Herr Jünger,
Ihr Brief vom 12. ds. Mts. hat mich wirklich sehr erfreut und ich danke Ihnen für
Ihre Worte.

Ich war vorige Woche in Gütersloh, um mein Manuskript »Literatur und Dichtung im Dritten Reich« gemeinsam mit dem Lektor durchzugehen und für den
Satz zu besprechen. Bei diesen Dokumentationen muß man immer so achtgeben,
damit die vielen Fußnoten bei den Fahnen auch übersichtlich werden, sonst hat
man es bei der Autoren-Korrektur zu schwer und kaum eine richtige Kontrolle.
Im Juli 63 soll nun die »Musik« und zur Buchmesse 63 dann die »Literatur«
herauskommen.

Ich sitze inzwischen schon am Manuskript »Theater und Film im Dritten
Reich«, arbeite wieder meine 10–14 Stunden täglich und stecke bis über beide
Ohren im Thema. Der Satz von Liddell Hart: »Niemand soll verurteilt werden,
es sei denn aus seinem Munde«, paßt bei mir genau auf die Methodik der Dokumentation. Ich sage ja kaum etwas, sondern lasse stets die Dokumente für sich
sprechen. Sie werden allerdings bis ins Letzte peinlich genau analysiert, damit
das Resultat dann sachlich kommentiert werden kann.

Fast möchte ich Sie beneiden, wenn ich daran denke, daß Sie im Mai ans Mittelmeer fahren. Nun, ich kann mich jedenfalls nicht vom Fleck rühren, bevor ich
mit »Theater und Film« fertig bin. Meine Bücher verlangen leider wirklich harte
Arbeit von mir.

Ein Brief von Ihnen, überhaupt jede Nachricht über Sie, bereitet mir jedoch
große Freude und ich bin Ihnen dankbar dafür, denn an sich schalte ich die Aus-
senwelt fast vollkommen ab. Aber von Ihnen zu hören, tut mir immer wieder
gut.

Meine Frau läßt Sie grüßen und ich bitte um eine Empfehlung an Ihre Gattin.
Stets Ihr
J Wulf

20   Wulf an Jünger, 27. April 1963

Verehrter, lieber Herr Jünger,
Heute bekam ich die Fahnen von »Literatur und Dichtung im Dritten Reich«.
    Wie geht es?
Herzliche Grüsse von Haus zu Haus
stets Ihr
J Wulf

21   *Jünger an Wulf, 30. April 1963*

Lieber Herr Wulf,
Besten Dank für Ihre Nachricht auf der schönen Karte mit der Kathedrale von
Monet. Es ist erfreulich, daß Ihre Arbeit voran geht. Ich bin gespannt auf die
Dokumentation.

   Dabei fällt mir ein, daß wir während Ihres Besuches in Saulgau eigentlich nur
über die Kontroverse mit der Dichterakademie gesprochen haben, deren Auffin-
dung Ihrem erstaunlichen Spürsinn zu verdanken ist. Sie ist aber nebensächlich
gegenüber all dem anderen und späteren Ärger, der recht eigentlich unter Ihren
Titel fällt. Das könnte schon ein Buch für sich füllen. Zu meinen eigenen Ungele-
genheiten kamen noch jene, die mir meine enge Verbindung mit Ernst Niekisch
und meinem Bruder Friedrich Georg einbrachten. Hoffentlich vergaßen Sie die
beiden nicht. Das Gedicht meines Bruders »Der Mohn« ist erstaunlich, und vor
Ernst Niekisch habe ich die größte Achtung – Sie sollten ihn einmal aufsuchen.
Er laboriert immer noch an seiner Haft. Ich muß die Erinnerungen an jene Jahre
zusammensuchen – sie bilden für mich eine Zeit geringerer Realität.

   Bitte grüßen Sie die Gattin von mir und meiner Frau. Hoffentlich rauchen Sie
beide nicht zuviel. Wir fahren am 18. Mai für zwei Wochen nach Spanien. Ich
hatte viel zu tun mit alten und neuen Dingen, und möchte nun ein wenig Sonne
am Mittelmeer.
Herzlich Ihr
Ernst Jünger

22   *Jünger an Wulf, 31. Mai 1963*

Lieber Herr Wulf,
Ihnen und Ihrer Frau Gattin herzliche Grüsse von dieser Küste bei Málaga. Wir
waren über Meer und Sonne froh, müssen morgen leider nach Norden zurück.
Hoffentlich sind Sie Beide wohlauf.
Ihr
Ernst Jünger
u. Liselotte Jünger

23   *Wulf an Jünger, 17. Juli 1963*

Lieber Herr Jünger,
mit großer Freude erhielt ich Ihr »Le Mur du Temps« und danke Ihnen herzlich
für Ihre Liebenswürdigkeit.

Ich bin erst kürzlich aus dem Krankenhaus entlassen worden und hoffe, Ihre
Essays werden in diesem Zustand meine eigenen Meditationen etwas anregen,
obwohl ich zur Zeit unsagbar müde und zu allem unlustig bin.

Ich hoffe, Sie wissen, wie mich jede Nachricht von Ihnen erfreut und vor allem das Bewußtsein, daß Sie manchmal an mich denken, obwohl ich nur kurz
schreibe heute.

Ende des Monats bekomme ich die letzte Revision von »Literatur und Dichtung
im Dritten Reich«, das zur Buchmesse 1963 erscheinen soll. Inzwischen – Mitte
August – wird Ihnen aber die »Musik im Dritten Reich« zugehen.
Mit herzlichen Grüßen von Haus zu Haus
stets Ihr
J Wulf

24   *Jünger an Wulf, 26. August 1963*

Lieber Herr Wulf,
Ihr Verleger sandte mir Ihre neue Dokumentation über die Musik im Dritten
Reich. Ich staune von neuem, nicht weniger über Ihre Akkuratesse als über Ihre
Arbeitskraft. Den ausführlichen Dank muß ich nachholen, denn wir sind im Auf-
bruch, zunächst nach Salzburg (Zauberflöte), sodann zum 65. Geburtstag meines
Bruders nach Überlingen, und im Anschluß daran nach Sardinien. Unwiderstehl-
lich wird bei diesem borealischen Wetter die Sehnsucht nach dem Mittelmeer.

Auch meine Frau läßt Sie beide grüßen. Wir hoffen, daß Sie wieder einmal in
Wilflingen einkehren und werden gut einheizen.
Mit freundlichem Gruß Ihr
Ernst Jünger

PS. Hoffentlich rauchen Sie nicht zuviel. Der im beigelegten Aufsatz erwähnte
Wolf Jobst Siedler, jetzt Leiter des Propyläenverlages, war der Kamerad meines
gefallenen Sohnes.

Abb. 2: Kunstpostkarte »Das Frühstück im Atelier« von Manet

25   *Wulf an Jünger, Oktober 1963*

Lieber Herr Jünger,
Haben Sie »Literatur und Dichtung im Dritten Reich« bekommen?
Herzliche Grüsse von Haus zu Haus
Ihr
J Wulf

26   Jünger an Wulf, 26. Oktober 1963

Lieber Herr Wulf,
Herzlichen Dank für Ihr neues Buch, das mir von Ihrem Verleger übersandt worden ist. Ich fand es bei meiner Rückkehr aus Sardinien vor.

Wieder bewunderte ich bei der Lektüre Umfang und Gründlichkeit Ihres Aktenstudiums, nicht minder als Ihren Spürsinn und den enormen Fleiß, ohne den eine solche Übersicht nicht zu bewältigen ist. Mir selbst waren die mich betreffenden Zusammenhänge ja bereits aus dem Gedächtnis gekommen, und andere, in die ich verwickelt wurde, erhellten sich erst durch die Lektüre Ihrer Dokumentation – wie etwa die ausgedehnte persekutorische Tätigkeit von Will Vesper, der mir auch einmal seine Aufmerksamkeit widmete. Das berührte mich deshalb schmerzlich, weil ich Vesper als den Herausgeber einer guten Sammlung lyrischer Gedichte geschätzt hatte. Ich konnte daher vor Jahresfrist seinem Sohn schreiben, der allerhand unwahre und verkehrte Dinge über mich veröffentlicht hatte, daß er leider in die Fußstapfen seines Vaters getreten sei. Freilich bin ich die Lage »zwischen den Stühlen« gewohnt, die ja auch in dem Abschnitt Ihres Buches zum Ausdruck kommt, den Sie freundlicherweise mir widmeten. Daß Sie dabei das Gewicht nicht auf jene Zugehörigkeiten gelegt haben, die durch Geburt, Erziehung, Vorurteile bestimmt werden, sondern auf die angeborene und innewohnende Humanität, die oft erst mit den wachsenden Gefahren hervortritt, begrüße ich.

Hoffentlich finden Sie eine große Leserschaft für Dinge, die oft schon sagenhaft anmuten. Es würde mich freuen, wenn ich gelegentlich etwas über das Echo hörte, denn ich lese nur flüchtig in den Zeitungen.
Mit herzlichen Grüßen von Haus zu Haus Ihr
Ernst Jünger

PS. Anbei als bescheidene Gegengabe die Ansprache, die ich anläßlich des 65. Geburtstages meines Bruders Friedrich Georg hielt.

Soeben kommt auch Ihre Karte mit Manets »Frühstück im Atelier«, einem meiner Lieblingsbilder, dessen Original ich vor einigen Jahren in München bewunderte.
EJ

27   Wulf an Jünger, 30. Oktober 1963

Verehrter und lieber Herr Jünger,
herzlichen Dank für Ihren Brief vom 26. ds. Mts., der mich, wie gewöhnlich,
sehr erfreut hat. Mir gefallen nun einmal Ihre Formulierungen und Definitionen
und ich glaube eben auch an die Ihnen »innewohnende Humanität«.

Das Echo meiner Bücher? Nun, es ist groß! Nur wissen viele Zeitungen und
Zeitschriften nicht so recht, was sie machen sollen, da ihre prominenten Mitar-
beiter in meinen Büchern vorkommen. Anbei nur eine Besprechung von Walther
Karsch.

Im Prinzip wird jedoch meine Arbeit von bestimmten Kreisen nicht gerade
mit Wonne aufgenommen. Man möchte, daß sich alles nur um etwa Goebbels
und Rosenberg gruppiert, damit alles andere abstrakt bleibt.

Ihre Ansprache zum 65. Geburtstag Ihres Bruders habe ich aufmerksam gelesen, aber Sie haben es schließlich nicht nötig, von mir Komplimente zu hören.
Darf ich Ihnen nur sagen, daß ich alles, was Sie schreiben, mit Vergnügen lese!

Auf einem Gebiet fürchte ich, werde ich Ihnen allerdings Konkurrenz machen,
denn ich beabsichtige, Tagebücher zu veröffentlichen. Kontakte, Lektüre und
Korrespondenz werden dabei eine große Rolle spielen, wenn mir auch gerade
Meditation und Stellungnahme sehr nahe liegen.

Übrigens ist der Titel von Walther Karschs Besprechung die Variation des Titels
von einem Buch von Johann von Leers »Juden sehen dich an«. Es gab darin auch
ein Foto von Adenauer, der Leers zufolge »Blutsjude« war.
Herzliche Grüsse von Haus zu Haus
stets Ihr
J Wulf

28   Wulf an Jünger, 7. November 1963

Sehr verehrter und lieber Herr Jünger,
ich schreibe heute nur ganz kurz.

Ich war zwei Tage im Bundesarchiv Koblenz und fand dort eine Goebbels-Anweisung (Nr. 63 vom 17.11.1933) mit folgender Anweisung für Journalisten bei
der üblichen täglichen Pressekonferenz. Der Text lautet: »Die Zeitungen werden
gebeten, nichts zu bringen über den Brief Ernst Jüngers an die Dichterakademie.«

Falls Sie davon eine Fotokopie haben wollen, gebe ich Ihnen die Signatur und
die Anschrift an:

Signatur: Z S g 101/2 (Sammlung Brammer)
Anschrift: Herrn Archivrat Dr. Heinz Boberach
                 54-Koblenz, Am Wöllershof 12
Für heute verbleibe ich mit den besten Grüssen
stets Ihr
J Wulf

29   Jünger an Wulf, 8. November 1963

Lieber Herr Wulf,
Besten Dank für Ihre freundliche Mitteilung. Ich werde mir für die Sammlung
von Dr. des Coudres ein Exemplar bestellen. Sie sind wirklich unermüdlich, aber
auch sehr fündig in Ihren Nachforschungen. Schade, daß Sie die Stelle nicht eher
gekannt haben. Sie hätte gut in Ihr Literaturbuch gepaßt. Aber vielleicht behandeln Sie die Dinge gelegentlich in Form eines Aufsatzes.
    Übrigens war ich mehrmals Gegenstand von Pressebesprechungen und inter-
nen Anweisungen. Da ich Freunde im Ministerium hatte, war ich meist gut informiert.
    Der November hat begonnen, ein misslicher Monat. Meine Frau liegt mit Grip-
pe im Bett, ist aber schon auf dem Wege der Besserung.
Mit guten Wünschen für Sie Beide
Ihr
Ernst Jünger

30   Wulf an Jünger, 21. November 1963

Lieber Herr Jünger,
ich schicke Ihnen anbei die Fotokopie einer Besprechung von Franz Schonauer
über »Literatur und Dichtung im Dritten Reich«. Ich denke, dass es Sie interessieren wird.
    Nur dies für heute.
Ich verbleibe mit den besten Grüssen
Ihr
J Wulf

31   *Jünger an Wulf, 21. November 1963*

Lieber Herr Wulf,
Hoffentlich sind Sie und Ihre Gattin wohlauf. Es ist November; meine Frau plagt
sich seit drei Wochen mit einer Grippe ab. Daß Sie an die Zusammenstellung
und Edition eines Tagebuches denken, ist recht. Einmal werden Sie doch mit den
Akten aufhören oder ihr Studium einschränken. Der Stoff ist freilich unerschöpf-
lich, weniger vielleicht die Lust.
    Dabei fällt mir ein, daß mich in diesen Tagen Wolf Jobst Siedler, der neue Lei-
ter des Propyläen-Verlages, hier besucht hat. Er saß 1943 mit meinem Sohn Ernst
im Gefängnis; beide wurden dann verurteilt und kamen ins Feld, wo mein Sohn
fiel. Damals waren sie noch Schüler gewesen und wurden denunziert. Siedler
erzählte mir nun, daß er vor längerer Zeit sich die Akten besorgt und sie gelesen
hat. Ich erwähne das deshalb, weil ich da wieder etwas Unangenehmes erfuhr –
denn in diesen Akten sieht man Lehrer der beiden Jungen als Belastungszeugen
auftreten, was noch verständlich wäre, wenn es sich nicht gerade um dieselben Lehrer handeln würde, die nach dem Kriege mir gegenüber in Briefen ihre
Entrüstung über diesen Prozeß äußerten. Nun, ähnliche Erfahrungen haben Sie
gewiß in massiverer Weise noch gemacht als ich, der ich davon nur, allerdings
schmerzhaft, gestreift wurde. Ich will auch nichts mehr wissen davon. Für Sie,
könnte ich mir vorstellen, möchte die Erwähnung vielleicht insofern etwas bedeuten, als diese Akten offenbar dem großen Bestande eines Marinegerichts an-
gehören, das sich durch widrige Urteile auszeichnete. Von Silex, der ein kleines
Schiff führte, hörte ich, daß ein schon strenges Urteil zwei Mal zurückgeschickt
wurde, bis Todesstrafe fällig war. In Ihrer Sammlung fehlt noch der Band über
die Justiz. Die Verschiebungen innerhalb der Rechtslage sind die fundamentalen,
und ein geschriebenes Urteil ist die Akte par excellence.
    Gestern kam Martin von Katte aus Saulgau herüber; er las in Ihrem Buche mit
großer Spannung die Passagen über Benn und trug mir Grüße an Sie auf.
Mit guten Wünschen Ihr
Ernst Jünger

PS. Siedlers Adresse: Wolf Jobst Siedler, Berlin-Dahlem, Falkenried 6

PS. Eben rief General Speidel an, der aus Amerika zurückkam. Haben Sie noch
ein Belegstück des Literaturbandes für ihn? (General Dr. Hans Speidel, 534 Bad
Honnef, Am Spitzenbach 15)

32   *Wulf an Jünger, 27. November 1963*

Lieber und verehrter Herr Jünger,
herzlichen Dank für Ihren Brief vom 21. ds. Mts. Hoffentlich geht es Ihrer Gattin
jetzt besser. Für meine Frau und mich ist auch der November immer ein schlech-
ter Monat. Mir hilft jedenfalls Cebion.

Wolf Jobst Siedler habe ich schon einige Male angerufen, da ich mal mit ihm
über Sie und Ihren Sohn sprechen wollte. Ich konnte ihn nie erreichen. Einmal
habe ich sogar einer Dame meine Telefonnummer angegeben und gebeten, er
solle mich anrufen. Das ist bis heute nicht geschehen.

Meine Frau liest eben nochmals Ihre »Marmorklippen«. Sie liest sie sehr lang-
sam, aber aufmerksam.

Am 5. Dezember habe ich einen Prozess, den der ehemalige Leiter des Gesund-
heitsamtes im besetzten Warschau, dem auch das Ghetto Warschau unterstand,
Dr. W. Hagen, gegen mich angestrengt hat. Der will plötzlich Widerständler gewesen sein. Anbei übersende ich Ihnen eine Story über diese Affäre im »Spiegel«
wie auch andere Anlagen. Es würde mich sehr interessieren, was Sie über dieses
Thema denken. Ich weiss nur nicht, ob Sie das ganze Material interessiert.

Anbei eine Kopie meines Briefes an General Speidel. Wie Sie sehen, habe ich
bei meinem Verlag veranlasst, dass man ihm das Buch zusenden soll. Es gibt viele
Probleme, die ich mit General Speidel gern besprechen möchte – und wenn ich
so sagen darf: muss. Hoffentlich hat er dafür Zeit.

Ich danke für die Grüsse von Martin von Katte und erwidere sie. Meine Frau
und ich grüssen Sie herzlich. Bitte empfehlen Sie mich auch Ihrer Gattin
J Wulf

PS Ich habe letztens gelesen, dass die pour le mérite-Träger nur 25,- DM monat-
lich als Ehrensold erhalten. Ich finde es etwas komisch.

33   *Jünger an Wulf, 29. November 1963*

Lieber Herr Wulf,
Ihre Nachrichten kommen mir immer zurecht. Ich hoffe, daß Sie mit W. J. Siedler ausführlich sprechen werden; er ist sehr angenehm.

Über die Angelegenheit des Dr. Hagen kann ich ohne gründliche Kenntnis des
Materials nicht urteilen. Es scheint mir aber, nachdem ich die beiden Fotokopien
gelesen habe, daß er wohl besser sich an den bewährten Grundsatz »Quieta non
movere« gehalten hätte – und das umso mehr, als ihm der Irrtum mit dem Vor-

namen die Chance des »Betrifft mich nicht« gab. Vom »Semper aliquid haeret« kann man kaum noch sprechen, wenn man die beiden Aktenstücke gelesen hat – das sind schon keine Spritzerchen mehr.

Das Wort »Widerständler« kann ich schon nicht mehr hören – das ist heute fast schlimmer als »Alter Parteigenosse« so um 1935 herum. Wie Widerstand aussieht, haben die Spanier gezeigt. Heute sind vor allem die in Verruf, die etwas mehr Mut als die anderen gezeigt haben, wie etwa Ernst Niekisch – <u>das</u> verzeiht man nicht.

Wir fahren morgen nach Zürich, um Mathias Wieman zu besuchen. Mit guten Wünschen, auch für Ihren Rechtshandel,
Ihr
Ernst Jünger

PS. Hinsichtlich des »Ehrensoldes« für den »Pour le mérite« sind Sie richtig informiert. Fünfundzwanzig Mark wurden mir heute wieder ausgezahlt. Da nur noch fünfunddreißig Ritter leben, wird der Staat daran nicht zugrunde gehn.

34   *Wulf an Jünger, 2. Dezember 1963*

Lieber, verehrter Herr Jünger,
mit W. J. Siedler bin ich am nächsten Montag verabredet. Er besucht mich, und wir haben schon telefonisch vereinbart, daß Sie unser Hauptthema sein werden.
Ich schreibe Ihnen heute nur kurz, da ich nachher nach Hamburg fahre.
Sie haben vollkommen recht, das Wort Widerständler geht mir auch schon auf die Nerven. Ich bekomme Hunderte von Briefen von den Helden meiner Bücher, die alle angeblich Widerständler waren. Nur auf Grund dieser Erklärungen könnte ich statistisch errechnen – das ist kein Witz! – wie die Bürokratie des Dritten Reiches vielmehr Juden gerettet hat als überhaupt umkamen.
Es freut mich, daß Sie nach Zürich fahren, denn daraus entnehme ich, daß Ihre Gattin die Grippe überstanden hat.
Nächstes Mal schreibe ich mehr. Bitte empfehlen Sie mich Ihrer Gattin.
Meine Frau und ich grüßen Sie beide herzlich
Ihr J Wulf

35 *Wulf an Jünger, 12. Dezember 1963*

Lieber, sehr verehrter Herr Jünger,
ich weiss nicht, ob Sie schon aus der Schweiz zurück sind. Jedenfalls hoffe ich,
dass Sie sich dort mit Ihrer Gattin gut entspannt haben.

Ich habe schon jetzt »Presse und Funk«, den fünften und letzten Band meiner
Serie beendet. Es gibt dort eine Rubrik ›Sprachregelungen des Propagandami-
nisteriums‹. Ich gebe dort verschiedene Beispiele und u. a. zitiere ich auch die
Sprachregelung bezüglich Ihres Briefes an die Dichterakademie. Es freut mich,
dass ich auf diese Weise noch das letzte Dokument, das ich im Bundesarchiv
Koblenz gefunden habe, einfügen kann.

Montag besuchte mich Wolf Jobst Siedler. Wir sassen hier zwei Stunden. Ein
reizender, charmanter, hochkultivierter Mann. Wie Sie schon wissen, bin ich
jetzt an meine Tagebücher herangegangen. Es wird schon eifrig notiert, gesam-
melt, geordnet, ausgewertet. Das wird bei mir zwei Jahre dauern. Unabhängig
davon beabsichtige ich, eine Geschichte des Chassidismus zu schreiben. Ich hatte
immer etwas so einen Hang zur mystischen Lehre. Ausserdem will ich dieses
letzte Buch meinen ermordeten Eltern als Grabstein widmen. Deshalb ist es für
mich persönlich äusserst wichtig. Ich habe nun immer nachgedacht, wie man
diese Arbeiten finanzieren kann, da ich kaum glaube, dass speziell das letzte Massen interessieren wird. Ich habe deshalb Kontakte aufgenommen, um eine Arbeit
zu finden, die mir eine bestimmte finanzielle Basis gibt. U. a. sprach ich auch darüber mit Wolf Jobst Siedler. Beim Gespräch kamen wir beide auf die Idee, dass
ich eigentlich innerhalb der Weltgeschichte des Propyläen-Verlages einen Band
›Weltgeschichte des Judentums‹ redigieren könnte. Ich arbeite jetzt an einem
Exposé, und es ist mir schon klar geworden, dass diese Arbeit für mich nicht
nur eine finanzielle Angelegenheit sein würde, sondern ein Thema, das mich
ausserordentlich passionieren kann. Judentum ist für mich keine Überzeugung;
ich bin – wenn ich es so sagen kann – ein Schicksalsjude, und die tausende Jahre
Geschichte dieses Volkes faszinieren mich immer. Falls dieser Plan mit Siedler
doch realisiert werden wird, wird es für mich eine ganz grosse Angelegenheit.

Nun wissen Sie schon alles von mir.
Herzliche Grüsse von meiner Frau und mir und eine Empfehlung an Ihre Gattin
stets Ihr
J Wulf

36   *Jünger an Wulf, 18. Dezember 1963*

Lieber Herr Wulf,
Besten Dank für Ihre Zeilen vom 12. Dezember. In Zürich haben wir schöne
Tage gehabt. Inzwischen war ich in Stuttgart zur Beisetzung von Theodor Heuß.
Übermorgen fahre ich nach München, wo Alexander gestern die Doktorprüfung
bestanden hat. Das fordert ein kleines Symposion.
   Inzwischen sandte mir Herr Bruchmann, den ich als Goslarer Kulturdezernen-
ten kenne, eine Fotokopie des von Ihnen aufgefundenen Aktenstücks. Er meinte,
daß hier und dort noch ähnliches verstreut sein könnte, daß die Nachsuche aber
umständlich sei. Ich wühle ja auch nicht besonders gern in den alten Akten herum.
   Herr Bruchmann verwaltet auch Dossiers des Reichssicherheitshauptamtes.
Darunter befindet sich eines, das sich mit meinem Bruder beschäftigt. Es stammt
aus dem Jahre 1936. Die eigentlich unangenehmen Zusammenstöße mit dieser
Behörde haben wir aber erst 1940 gehabt.
   Vor allem freut mich, daß Ihre erste Begegnung mit Wolf Jobst Siedler gleich
ein so wichtiges Ergebnis gezeitigt hat. Freilich ist das eine unübersehbare Auf-
gabe. Sollten Sie sie sich aufladen, so nehme ich an, daß Sie sich eher in der Ge-
nerallinie des liberalen Graetz als in der des orthodoxen Dubnow halten werden.
Aber seitdem ist viel geschehen.
   Ihnen und Ihrer Gattin wünsche ich, auch im Namen meiner Frau, gute Fest-
tage.
Ihr
Ernst Jünger

PS. Speidel rief mich kürzlich an und erwähnte dabei auch Ihren Brief.

37   *Wulf an Jünger, 18. Dezember 1963*

Sehr verehrter, lieber Herr Jünger,
heute nur einige Zeilen. Ich übersende Ihnen hier eine Besprechung meines Buches »Literatur und Dichtung im Dritten Reich«. Ein Prinzip: ich übersende nur
die Besprechungen, wo Sie erwähnt werden.
   Gleichzeitig nehme ich die Gelegenheit wahr, Ihnen und Ihrer Gattin auch im
Namen meiner Frau die herzlichsten Grüsse für das bevorstehende Weihnachtsfest zu übersenden und die besten Wünsche für Gesundheit, Erfolg und Freude
im Neuen Jahr.
Mit herzlichen Grüssen von Haus zu Haus
stets Ihr
J Wulf

38   *Wulf an Jünger, 23. Dezember 1963*

Lieber Herr Jünger,
Besten Dank für Ihre Zeilen vom 18. d. M.

Mein Zusammentreffen mit Wolf Jobst Siedler hat bisher noch kein definitives Ergebnis gezeitigt. Ich habe nur ein Exposé vorgelegt (Abschrift anbei) und das wird wahrscheinlich seinen bürokratischen Weg gehen. Mich würde jedenfalls diese Arbeit ausserordentlich passionieren und faszinieren. Ich möchte fast sagen, so etwas war immer mein Traum. Bei meinen wissenschaftlichen Kontakten in Europa, USA und Israel, könnte ich die hervorragendsten Kräfte heranziehen. Einstweilen muss ich warten.

Ende Januar 1964 bin ich für einige Tage in Paris. Im April bin ich vom israelischen Staatspräsidenten Shazar und David Ben-Gurion eingeladen. Ich werde mit meiner Frau in Israel zwei Wochen bleiben.

Herzliche Grüsse von Haus zu Haus
stets Ihr
J Wulf

P.S. Können Sie mich mit Herrn Bruchmann kontaktieren?

39   *Wulf an Jünger, Dezember 1963*

Frohes Fest
und
ein glückliches 1964
J. u. J. Wulf

40   *Jünger an Wulf, 30. Dezember 1963*

Lieber Herr Wulf,
Besten Dank für Ihre Disposition, ein grosses Projekt! Zu Herrn Bruchmann habe ich keine Verbindung. Für Ihre literarischen Pläne, Ihre Reisen nach Frankreich und Israel, für das ganze Jahr 1964, wünschen wir Ihnen alles Gute!
Ihr Ernst u. L. Jünger

41 *Jünger an Wulf, 7. März 1964*

Lieber Herr Wulf,
Der Sigbert Mohn Verlag sandte mir in Ihrem Auftrag die Dokumentation »Theater und Film im Dritten Reich«, für die ich Ihnen meinen besten Dank sage. Ich habe mich bereits damit beschäftigt und wiederum gestaunt über die Fülle von Aktenmaterial, die Ihnen zur Verfügung steht. Es erscheint nun wohl noch ein Abschlußband, wenn ich Sie recht verstanden habe. Wie wäre es, wenn Sie das Material lexikalisch ordnen würden – etwa nach Art des »Who's Who«?
    Hoffentlich sind Sie Beide wohlauf und haben insbesondere die schlimmen Sachen berücksichtigt, die man heutzutage in den Zeitungen über die Zigaretten liest. Auch meine Frau läßt grüßen. Wir fahren morgen in die Saulgauer Post, um dort mit Barts und Kattes zusammenzusein.
Mit guten Wünschen Ihr
Ernst Jünger

42 *Jünger an Wulf, 29. April 1964*

Lieber Herr und Frau Wulf,
Hoffentlich sind Sie beide wohlauf. Wir fahren nach diesem langen Winter nach Griechenland, am 15. Mai. Leider kann ich immer noch nicht nach Berlin. Rauchen Sie auch nicht zu viel? Auch meine Frau lässt grüssen.
Ihr Ernst Jünger

43 *Wulf an Jünger, 1. Mai 1964*

Lieber Herr Jünger,
Ihre Karte vom 29. d. Mts. mit den chinesischen Farbholzschnitten hat mich sehr gefreut. Ich erhielt sie mit der Mittagspost gerade nach einem Besuch bei dem Theologen Helmut Gollwitzer (kennen Sie seine wunderbaren Bücher?), mit dem ich minimum 1 Stunde über Sie gesprochen habe. Beinahe ein metaphysischer Zusammenhang!
    Ich habe Ihnen mindestens zwei Monate schon nicht geschrieben. Im Februar war ich in Paris zur Hochzeit meines Sohnes. Er hat eine amerikanische Studentin geheiratet. Alles fand im 5^{e} statt und der maire hielt eine lange Rede, die

mich wahnsinnig langweilte. Er war ganz attachiert, weil der Brautvater ein New Yorker Physikprofessor ist und ich ein Schriftsteller aus Berlin. Darüber erging er sich ausführlich. Ausserdem mußte ich unzählige parties mitmachen, die von Freunden des jungen Paares veranstaltet wurden, bei denen ich mich über griechische Geschichte, Jazz, Marktwirtschaft und modern dance unterhalten sollte. Ich sprach mit Nicht-Juden hebräisch, mit Juden französisch, mit Polen deutsch usw. Es waren ein paar anstrengende Tage, aber mein einziger Sohn fühlte sich dabei sehr glücklich.

Meine Israel-Reise ist verschoben worden, obwohl es mir sehr leid tut, da ich vom Staatspräsidenten Shazar, Ben-Gurion und ähnlichen Persönlichkeiten eingeladen bin. Aber aufgeschoben ist ja nicht aufgehoben.

Mit meiner Weltgeschichte des jüdischen Volkes ist nichts geworden. Ich hätte nie gedacht, daß ein so hochkultivierter Mann wie Wolf Jobst Siedler so wenig Fingerspitzengefühl dafür hat, wie man mit mir verhandeln sollte. Wahrscheinlich würde er es zehn Jahre später mit mehr Reife verstehen.

Nun fahren Sie also nach Griechenland! Meine Frau und ich haben beschlossen, Berlin in diesem Sommer nicht zu verlassen. Unabhängig von verschiedenen anderen Gründen werde ich noch mit dem letzten Buch meiner fünfbändigen Serie, das jetzt im Satz ist und zur Buchmesse 1964 erscheinen wird, »Presse und Funk im Dritten Reich«, beschäftigt sein.

Übrigens wird in diesem Buch auch über die Goebbelsche Sprachregelung im Zusammenhang mit Ihrem Brief an die Preußische Akademie der Künste 1933 die Rede sein.

Im Prinzip bin ich jetzt ein wenig durcheinander, da ich nach einer alten talmudischen Disziplin gewöhnt bin, zehn bis fünfzehn Stunden zu arbeiten, was ich jetzt nicht tue. Ein wenig beschäftige ich mich mit dem Ordnen des Materials für mein geplantes Tagebuch. Da habe ich schon unzählige Mappen. Schade, daß ich nicht wie Sie Maikäfer sammele oder Holz hacke! Aber das ist wahrscheinlich die Auswirkung vieler Generationen meiner Familie, die sich ausschließlich mit ihren geistigen hobbies und dem ererbten Vermögen beschäftigte.

Ich rauche noch immer viel, obwohl das nach dem USA-Report so schädlich sein soll. Aber ich denke immer daran, daß mein Großvater täglich sechzig bis siebzig Zigaretten rauchte, ausserdem noch Zigarren und Pfeife, viel Wodka — angefangen beim Frühstück — trank, und achtzig Jahre kerngesund gelebt hat.

Sie sollten doch einmal nach Berlin kommen. Wir würden uns wahnsinnig über Ihren Besuch freuen.

Meine Frau und ich grüßen Sie und Ihre Gattin recht herzlich.

Stets Ihr

J Wulf

44   *Wulf an Jünger, 26. Mai 1964*

Lieber Herr Jünger,
ich weiß, Sie sind jetzt auf Sardinien, aber ich schreibe Ihnen trotzdem, da ich
letztens ein Buch von August Nitschke »Der Feind«, Kohlhammer-Verlag 1964,
gelesen habe. Dort gibt es ein Kapitel »Politik elementarer Intensität: Sigmund
Freud, Ernst Jünger, Carl Schmitt«. Was sich die Wissenschaftler alles ausdenken,
ist kaum zu fassen! Sie und Freud! Zum Totlachen! Sie und Carl Schmitt schon
eher, was mich ehrlich gesagt, ein wenig stört. Da ich mit meiner humanisti-
schen Einstellung zur Welt und zum Tag zu jeder Minute Carl Schmitt untragbar
empfinde.
    Haben Sie »Der Fall Niekisch« von Joseph E. Drexel, Kiepenheuer & Witsch
1964, gelesen?
    Ich würde mich sehr freuen, nach Sardinien von Ihnen auf diesen und auch
auf meinen letzten Brief eine Antwort zu bekommen.
Mit herzlichen Grüßen von Haus zu Haus
stets Ihr
J Wulf

45   *Jünger an Wulf, 6. Juni 1964*

Lieber Herr Wulf,
Herzliche Grüsse aus Griechenland. Nicht nur die Ferien, sondern auch der
Mensch beginnt doch erst am Mittelmeer. Hoffentlich machen Sie auch einmal
Urlaub.
Ihr Ernst Jünger

Auch von mir hrzl. Grüße Ihnen beiden, Ihre Liselotte Jünger

46   *Wulf an Jünger, 7. Juli 1964*

Verehrter, lieber Herr Jünger,
ich habe letztens im Zusammenhang mit einem Treffen der noch lebenden »Pour
le mérite«-Träger gelesen, dass Sie der Jüngste unter diesen sind. Wie fühlen Sie
sich eigentlich in dieser Gesellschaft heute?
    Das Ziel meines Briefes ist folgendes: wie Sie wissen, arbeite ich jetzt an mei-
nen Tagebüchern und ich schrieb Ihnen schon, dass Sie darin eine Rolle spielen

werden. Daher jetzt meine Anfrage: darf ich bestimmte Sätze aus Ihren Briefen an mich zitieren oder darf ich bestimmte Ihrer Gedanken referieren – oder muss ich bei jedem Fall bei Ihnen anfragen, damit Sie Ihr Placet zu einem Zitat oder zum Referieren eines bestimmten Gedankens geben?

Wie ist Ihnen der Urlaub bekommen und haben Sie viele Maikäfer mitgebracht? Wenn ich an Ihre Maikäfer und Sanduhren denke, da merke ich erst, wie unterschiedlich mein Lebensstil von Ihrem ist. Ich habe kein Hobby, womit ich mich von meiner Arbeit abschalten kann. Es ist schon wahrscheinlich eine Frage der Erziehung, des Milieus, und ich habe den Eindruck, dass Sie meine Kindheit oder Jugend nie verstehen würden. Schon als Kind lebte ich unter einer ganz strengen Disziplin, mit neun Jahren musste ich bereits gründlich Talmud studieren – aber das war eine Eigenschaft des Ostjudentums. Ein jüdischer Klassiker sagte mal: »Es gibt keine jüdischen Kinder, sondern kleine Juden.«

Es würde mich freuen, von Ihnen etwas zu hören.

Mit herzlichen Grüssen von Haus zu Haus

J Wulf

47   Jünger an Wulf, 10. Juli 1964

Lieber Herr Wulf,

Was Sie über Ihre Jugend schreiben, bestätigt meine Meinung über den alten Jehova, der mir immer als ein äußerst humorloser Gott vorgekommen ist. Nur dort, wo er sagt, daß Adam »geworden ist wie unsereiner« und befürchtet, daß er die Hand auch nach dem Baum des Lebens ausstrecke (Genesis 3, 22) finde ich einen Hauch von Ironie.

Daß es »keine jüdischen Kinder, sondern nur junge Juden gibt«, wurde mir schon früh deutlich bei der Lektüre jüdischer Biographien – ich denke etwa an die des Salomon Maimon, der begabter Kantianer und ein Vorläufer des deutschen Idealismus war. Er verlebte seine Kindheit in einem litauischen Dorf. Seine Lebensbeschreibung ist eine Fundgrube. Hoffentlich machen Sie aus Ihren Tagebüchern eine ähnliche. Wenn Sie mich darin zitieren wollen, brauchen Sie kein Placet, denn wir haben miteinander ja nur gute Erfahrungen gemacht. Und was würde ein Placet oder ein Veto schon nützen, wenn das Gegenteil der Fall wäre?

Etwa am 24. Juli breche ich nach Spitzbergen auf. Wahrscheinlich komme ich im Laufe des Winters einmal nach Berlin; mein Sohn wird dort als Internist in einer Klinik arbeiten. Dann hoffe ich, Sie Beide wiederzusehen. Auch meine Frau läßt grüßen.

Herzlich Ihr

Ernst Jünger

48   *Wulf an Jünger, 20. Juli 1964*

Lieber Herr Jünger,
heute ganz kurz. Ich übersende Ihnen anbei eine Kopie einer Besprechung über
meine »Musik im Dritten Reich« in »Christ und Welt« vom 6.10.63, eine Reakti-
on von Ihrem ehemaligen Sekretär Armin Mohler in »Christ und Welt« auf diese
Besprechung sowie eine Kopie meines Briefes an Armin Mohler. Ich glaube, das
alles wird Sie interessieren.
Mit herzlichen Grüssen von Haus zu Haus
stets Ihr J Wulf

3 Anlagen

49   *Jünger an Wulf, 27. Juli 1964 (Oslo)*

Lieber Herr Wulf,
Ihr Brief erreichte mich vor Antritt einer Reise nach Spitzbergen. Herzlichen
Dank!
    Mit Herrn A. Mohler habe ich seit Jahren keine Verbindung mehr – nicht des-
halb, weil er Kritik an mir übte, sondern deshalb, weil er zuvor vier Jahre lang
Sekretär bei mir gewesen war. – Secretarius ist doch eigentlich der Geheim-
schreiber.
    Bitte halten Sie mich trotzdem über die Kontroverse auf dem Laufenden.
    Vielleicht werde ich während des Winters etliche Wochen in Berlin zubringen.
Dann werden wir uns hoffentlich öfters sehen.
Mit herzlichem Gruss, auch an Frau Wulf
Ihr
Ernst Jünger

PS. Ihre Korrespondenz interessiert natürlich einige Beteiligte. Wahrscheinlich
schrieb Ihnen Dr. des Coudres bereits, den ich in Hamburg sah.
    Möchten Sie nicht auch einen meiner anderen Sekretäre informieren: Heinz
Ludwig Arnold, 34 Göttingen, Postfach 638.

Während meiner Abwesenheit beantwortet meine Frau die Post.
EJ.

50   *Liselotte Jünger an Wulf, 29. Juli 1964*

Lieber Herr Wulf,
mein Mann ist seit einer Woche unterwegs und schwimmt seit drei Tagen auf
nördlichen Meeren, um Spitzbergen zu erforschen, von wo er erst Ende August
zurückkehrt. Ich danke Ihnen daher an seiner Stelle für den Durchschlag Ihres
interessanten Briefes an Herrn Mohler, den er bei seiner Rückkehr vorfinden
wird, und benutze die Gelegenheit, mein Andenken bei Ihnen und Ihrer lieben
Frau zu erneuern.
Mit herzlichen Grüßen an Sie beide
Ihre Liselotte Jünger

51   *Wulf an Jünger, 4. September 1964*

Lieber Herr Jünger,
haben Sie »Presse und Funk im Dritten Reich« bekommen? Das nur zur Kontrolle, ob der Verlag alle Bücher geschickt hat.
    Anbei übersende ich Ihnen einen Aufsatz von Hermann Glaser aus der letzten
Nummer von »Christ und Welt« – die Antwort auf Armin Mohler.
Mit herzlichen Grüssen von Haus zu Haus
stets Ihr
J Wulf

52   *Jünger an Wulf, 6. September 1964*

Lieber Herr Wulf,
Besten Dank für Ihre Zeilen vom 4. September. Ihre neue Dokumentation wur-
de mir bereits vorher gesandt – ich erhielt sie kurz nach meiner Rückkehr aus
Spitzbergen. Bei der Lektüre tauchten alte, halb oder ganz vergessene Namen auf.
Andere habe ich auch vermißt.
    Inzwischen habe ich auch den Aufsatz von Hermann Glaser gelesen. Wo die
Polemik in geschichtsphilosophische Erörterungen einmündet, verliert sie die
konkreten Handhaben. Da ist dann alles möglich und auch das Gegenteil. Wo
Sie sich auf die Akten beschränken, werden Sie am stärksten sein. Natürlich
bleibt die Auswahl strittig – aber schließlich hat jeder seinen Standort, der die

Perspektive bestimmt. Gut wäre es freilich, den Anschein zu vermeiden, als ob man nur in der Richtung des geringsten Widerstandes vorginge. Das wäre in Ihrem Falle möglich, wenn Sie einmal die Schweizer in der Hinsicht vornähmen, die Ihr vorletzter Brief andeutet. Inzwischen herzliche Grüße Ihnen und Ihrer Gattin

Ihr

Ernst Jünger

PS. Im Winter werde ich nun doch einmal nach Berlin kommen, da mein Sohn Alexander dort in einer Klinik arbeitet, nachdem er den Sylter Aufenthalt beendet hat.

Zum Thema »Presse« fiel mir in diesen Tagen der Aufsatz ein, mit dem mein Buch »Der Arbeiter« im Herbst 1932 durch den »Völkischen Beobachter« begrüßt wurde. Er stellte fest, daß ich mich »der Zone nähere, in der es Kopfschüsse gibt.«

53   *Wulf an Jünger, 8. September 1964*

Lieber Herr Jünger,
besten Dank für Ihren Brief vom 6. d. Mts.

Sie schreiben, ich soll mir die Schweizer vornehmen. Da geht es gar nicht um die Schweizer. Ich könnte eigentlich auch über anti-jüdische Pogrome und Antisemitismus im allgemeinen in der Sowjetunion schreiben. Über dieses Thema habe ich ein ganz grosses Archiv. Weiterhin könnte ich beispielsweise dokumentieren, wie sowjetische oder polnische Partisanengruppen während des zweiten Weltkrieges Juden gemordet haben.

Aber da sage ich Ihnen aufrichtig, ich werde solche Bücher wahrscheinlich in Deutschland nie veröffentlichen. Sie lesen, wie Sie mir mal gesagt haben, wenig Zeitungen, und deshalb wissen Sie wahrscheinlich nicht, dass es heute in Deutschland Kreise gibt, die eine neue These aufbauen. Das ist die folgende: alle sind Mörder – die Amerikaner haben gemordet, die Franzosen haben gemordet und wir Deutsche haben auch gemordet. Im Gegensatz zu Ihnen bin ich bei meinem ganzen Drang zur Objektivität ein engagierter Mensch. Ich würde sagen, ich bin heute auf meine Weise noch weiter so engagiert wie Sie beispielsweise in den 20er Jahren auf Ihre Weise engagiert waren. Heute leben Sie in einer geistigen Welt, die für Philosophen oder Dichter oder auch für mich verständlich ist. Ich stehe nämlich auf dem Standpunkt, dass jeder das Recht hat, seine geistige Welt so zu gestalten, wie er will – mit einer Beschränkung: diese Welt darf sich nicht in antihumanistischen Gleisen bewegen. Für meine Begriffe haben Sie heute in Ihrem ästhetischen Leben eine tief humanistische Basis und nur deshalb sind Sie

mir geistig nah. Aber verstehen Sie mein Engagement so gut wie ich Ihre selbst-
gewählte Neutralität.

Ich freue mich sehr über Ihren Berlin-Besuch, und dass wir uns wieder sehen
und sprechen werden. Zur Zeit bin ich kaum ansprechbar. Ich schreibe nämlich
die »Geschichte der SS«. Aber im Winter werde ich mich mit meinen Tagebüchern beschäftigen und wird mir ein Treffen mit Ihnen sehr angenehm sein.

Ich habe gestern den Jahrgang 1950 des »Spiegel« durchgesehen und fand dort
(26. Januar 1950) eine köstliche Story über Sie.
Meine Frau und ich grüssen Sie und Ihre Gattin recht herzlich
stets Ihr
J Wulf

54   Jünger an Wulf, 19. September 1964

Lieber Herr Wulf,
Besten Dank für Ihre Zeilen vom 8.9. Meine Anregung galt nicht den Deutschen,
denn ich bin ja germanophile jusqu'au fond, sondern Ihrer Arbeit und deren Objektivität. In Wilflingen besuchte mich Dr. des Coudres. Würden Sie ihm einmal
antworten?

Mit guten Wünschen Ihr Ernst Jünger

55   Jünger an Wulf, 16. Oktober 1964

Lieber Herr Wulf,
Herzlichen Dank für die Gedichtsammlung; wir haben uns darüber gefreut.
Hoffentlich sind Sie beide wohlauf. Sandte ich Ihnen schon diese Aufnahme des
Hauses, in dem Sie uns besucht haben?
Herzlich Ihr Ernst Jünger

[Darunter hs. Zusatz von Liselotte Jünger:]
Es sind ein paar großartige Gedichte in der Sammlung, mit der ich mich noch
näher befassen werde, wenn der Endspurt der Gesamtausgabe vorbei ist. Herzlichen Dank für die schöne Gabe u. viele Grüße auch an Ihre Frau,
Ihre L. J.

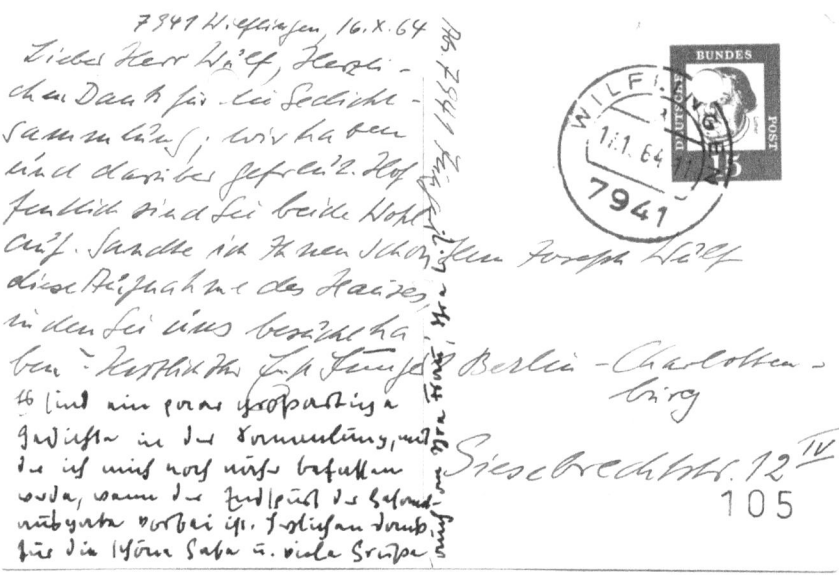

Abb. 3: Ansichtskarte Oberförsterei Wilflingen

56   *Wulf an Jünger, 20. Oktober 1964*

Lieber Herr Jünger,
ich muss mich entschuldigen, dass ich Ihre Karte vom 19.9. auf Ihrer Fahrt nach
Graz nicht beantwortet habe. Ich bin jetzt sehr beschäftigt, da ich zur Zeit so
etwas wie eine Kurzgeschichte der SS schreibe.

Sie schreiben auf Ihrer Karte »Meine Anregung galt nicht den Deutschen, denn
ich bin ja Germanophile jusqu'au fond ...« Sie wissen, ich habe alles sehr aufmerksam gelesen, was Sie bis jetzt nur veröffentlicht haben. Erlauben Sie mir zu
sagen, dass dieser Satz für mich fremd klingt. Jusqu'au fond sind Sie für mich als
Schriftsteller und Philosoph, und ich werde auch nie verstehen, wie ein Schriftsteller von Ihrem universalen Rang vollkommen Germanophile oder Franko-
phile sein kann. Möglich, dass hier bei mir die Einstellung eines bodenlosen
Kosmopoliten mitspricht.

An Herrn Dr. des Coudres habe ich nur einen kurzen Brief geschrieben. Ich
werde noch auf seine Bitte zurückkommen.

Anbei übersende ich Ihnen die Kopie eines Zeitungsausschnitts, wo aus meiner
Einleitung zu »Literatur und Dichtung« zitiert wird.

Mit freundlichen Grüssen von meiner Frau und mir und der Bitte um Empfehlungen an Ihre Gattin
stets Ihr
J Wulf

57   *Jünger an Wulf, 25. Oktober 1964*

Lieber Herr Wulf,
Dank für Ihren Brief vom 20. Oktober und den Ausschnitt, den Sie ihm beileg-
ten. Hoffentlich geht Ihre Arbeit gut voran.

Ihre Anmerkung oder die in ihr enthaltene Frage läßt sich im Rahmen eines
Briefes nicht beantworten. Sie betrifft die Relation von natürlichen und geistigen
Verwandtschaften und den Zoll, den wir wohl oder übel beiden zu entrichten
haben. Sie können ja auch nicht von Ihrer Herkunft absehen und haben für sie
einstehen müssen; und in diesem Sinne ist Ihr Kosmopolitismus gottlob nicht
»bodenlos«. Der Weltstaat wird nicht die Eigenarten einebnen, sondern ihnen in
ganz anderer Weise gerecht werden, als es den Nationalstaaten möglich gewesen
ist.

Ich soll Sie Beide auch von meiner Frau grüßen. Hoffentlich komme ich im
Winter einmal nach Berlin. Mein Sohn arbeitet jetzt wieder dort.
Ihr
Ernst Jünger

58   *Wulf an Jünger, 10. Dezember 1964*

Lieber Herr Jünger,
ich wollte Ihnen schon lange einen sehr ausführlichen Brief schreiben. Es geht
um bestimmte Probleme, die ich in einem Brief anschneiden wollte. Ich kam
nicht dazu, da ich – wie Sie wissen – mit der »Geschichte der SS« beschäftigt
bin, die Gott sei Dank Ende dieses Monats fertig sein wird.
      Gestern abend kam ich aus Paris zurück und erfuhr von Ihrem Anruf. Ich be-
danke mich sehr für Ihre Aufmerksamkeit und für Ihre Wünsche. Das Hauptziel
meines Briefes ist aber zu erfahren, wann Sie nach Berlin kommen werden. Es
würde uns sehr freuen, Ihre Gattin und Sie bei uns zu empfangen und ich wäre
Ihnen auch dankbar, wenn Sie Ihr Kalendarium in Berlin so einrichten, dass wir
uns einmal richtig aussprechen können. Meinen Besuch bei Ihnen in Wilflingen
empfand ich nur als erste Tuchfühlung und ich glaube, wir haben uns noch ge-
genseitig vieles zu sagen.
Mit herzlichen Grüssen von Haus zu Haus
Ihr
J Wulf

59   *Jünger an Wulf, 12. Dezember 1964*

Lieber Herr Wulf,
Besten Dank für Ihre Zeilen vom 10.12. Ich las von der Preis-Verleihung auch
in der FAZ. Wann ich nach Berlin komme, kann ich leider vorläufig noch nicht
sagen; es ist zuviel zu tun. Im Dezember und Januar bleibe ich hier in Wilflingen.
Bitte grüssen Sie auch die Gattin von uns
Ihr Ernst Jünger

60   *Wulf an Jünger, Dezember 1964*

Frohes Fest
und ein glückliches 1965
J. und J. WULF

61   Jünger an Wulf, 31. Dezember 1964

Lieber Herr Wulf,
Zum Neuen Jahre 1965 wünsche ich Ihnen und Ihrer Gattin weiterhin gute Ge-
sundheit, Glück und Erfolg. Meine Frau schließt sich dem an.
Ihr
Ernst Jünger

PS. Besten Dank auch für Ihre Zeilen und Ihre Beilage. Ich wurde schon verschiedentlich danach gefragt, auch von meinem Verleger, der gestern hier war.
Können Sie mir einige Exemplare davon überlassen?

62   Wulf an Jünger, 4. Januar 1965

Lieber Herr Jünger,
herzlichen Dank für Ihren Brief vom 31. Dezember 1964. Mit grossem Interesse
habe ich Ihr »Le Journal inédit d'Ernst Junger (1945)« in »Le Figaro Littéraire«
gelesen. Ich wäre Ihnen dankbar, wenn Sie mir die weiteren Fortsetzungen zu-
schicken könnten. Speziell interessiert mich die nächste Folge »Pourquoi Hitler?«, da ich einmal wissen möchte, wie Sie heute über Hitler denken. Ich ahne
zwar – aber bei Philosophen kann man nie wissen, zu welchen Schlüssen die
kommen. Philosophen bewegen sich oft in einer Welt, die nichts mit der Realität
zu tun hat, da sie sich weniger mit der eigentlichen Materie befassen, sondern
mit akademischen Reflexen operieren. Wenn es um Politik geht – und die Ära
Hitler kann man doch nur als solche behandeln – muss man schon viel konkreter
sein, als es Philosophen sind.
    Sie schreiben mir, ob ich Ihnen einige Exemplare von der Beilage meines letz-
ten Briefes überlassen kann. Selbstverständlich können Sie die Zeitungsausschnit-
te, die ich Ihnen zuschickte, verwenden. Aber andere Exemplare habe ich nicht,
ich habe Ihnen alles geschickt. Was will eigentlich Ihr Verleger damit tun?
Mit herzlichen Grüssen von Haus zu Haus
stets Ihr
J Wulf

63   *Jünger an Wulf, 5. Januar 1965*

Lieber Herr Wulf,

Mit dem Figaro Littéraire geht es mir wie Ihnen: ich habe nur ein einziges Exemplar, das ich dann gewöhnlich gleich verschenke. In »Pourquoi Hitler« steht übrigens nichts Neues, da das »Inédit« sich offenbar auf die Übersetzung bezieht. »Strahlungen« sind zum zweiten Mal übersetzt, und damit auch meine Aufzeichnungen von 1945. Die betreffenden Passagen finden sich in Band 3 meiner Gesamtausgabe oder aber in der zweibändigen Sonderausgabe von »Strahlungen«, die bei Klett erschienen ist. (Im 6. Teil meiner Tagebücher: »Die Hütte im Weinberge«. Diesen Titel bestimmte Jesaja 1, 8)

Übrigens erwähne ich Hitler nur am Rande, doch nicht aus demselben Grunde wie Karl Kraus (»Über Hitler fällt mir nichts ein«). Die Namen, die sich an die Ereignisse heften, werden immer bedeutungsloser, immer unwichtiger. Dem werden Sie vermutlich nicht beistimmen, und vom Gesichtspunkt des Dokumentators aus mit Recht.

Sie fragen nach dem Interesse des Verlegers an solchen Artikeln – es besteht darin, daß ein wesentlicher Teil seiner Anzeigen aus Zitaten besteht und er dafür gern eine Vorratsmappe hat. Nun konnte ich ihm auf seine Frage nicht einmal sagen, wo Ihr Artikel erschienen ist, denn ich besaß ihn nicht mehr. Rebus sic stantibus genügt auch die Quellenangabe; er mag sich dann den Text von der Redaktion anfordern.

Hoffentlich sind Sie beide wohlauf. Kattes waren hier; der Frau geht es nicht gut – der Rheumatismus nimmt böse Formen an. Wir waren während des Festes ohne Hilfe – meine Frau mußte Hausfrau, Hausmädchen, Sekretärin, Empfangsdame, Festherrin in eins machen, was ich ihr hoch anrechne, und höher noch, daß sie immer guter Laune dabei blieb.

Mit guten Wünschen Ihr
Ernst Jünger

PS. Ihrem Satz: »Philosophen bewegen sich oft in einer Welt, die nichts mit der Realität zu tun hat«, muß ich widersprechen. Philosophen sind die einzigen, die imstande sind, die Realität an ihren Platz zu stellen, denn diese Realität ist wie die sichtbare Spitze des Eisberges nur ein geringer Teil der Wirklichkeit. Den heutigen Historikern ist dagegen vorzuwerfen, daß sie nicht einmal ihr eigentliches Metier beherrschen – das hat allerdings auch seine Gründe, vor allem den, daß wir uns mit wachsender Geschwindigkeit aus dem historischen Rahmen herausbewegen und daß daher die klassischen Maßstäbe nicht mehr zutreffen. Ich schrieb das in diesen Tagen auch Margret Boveri, die im »Verrat« eines der großen Prinzipien unserer Epoche umrissen hat. EJ

64 *Wulf an Jünger, 10. Januar 1965*

Lieber Herr Jünger,
Sie widersprechen meinem Satz »Philosophen bewegen sich in einer Welt, die nichts mit der Realität zu tun hat« und stellen Ihrerseits fest: »Philosophen sind die einzigen, die imstande sind, die Realität an ihren Platz zu stellen.« Andererseits schreiben Sie, in »Pourquoi Hitler steht übrigens nichts neues«. Ich möchte Sie fragen, warum steht nichts neues darin? Hitler hat aus Ihrem Volk, dem Volk von Denkern und Dichtern, ein fast geistloses Volk gemacht. Und darüber haben Sie nichts zu sagen? Mir ist das unverständlich. Lesen Sie bitte die Rektoratsrede von Martin Heidegger 1933, die Werke, die (in den Jahren 1933–1945) von den Professoren Rothacker, Heyse, Steding etc. etc. erschienen sind. Wollen Sie mich auch dann noch davon überzeugen, daß die Philosophen »die einzigen, die imstande sind, die Realität an ihren Platz zu stellen« sein sollten? Mein Gott, wo haben denn die Nachkriegsphilosophen in Deutschland »die Realität an ihren Platz gestellt«? Sagen Sie mir bitte, wo und wer?

Ich lese Ihre eigenen Schriften wie die Poesie eines Rimbaud oder Valéry, finde darin aber nichts von der beklemmenden und abgründigen Realität der Hitler-Ära, in der sich Philosophen und Dichter wie kleine, naive und unwissende Kinder benahmen. Auf Ihre Antwort bin ich höchst gespannt.

Nach 1945 brachte ein Volk von der Größe und Stärke Deutschlands lediglich eine Wirtschaftskapazität hervor, wo aber ist sein intellektuelles und mannhaft offenes Credo? Als sei nichts geschehen, wird über alles geschwiegen.

Ich schreibe Ihnen so, verehrter Herr Jünger, weil ich Sie hochschätze, weil ich weiß, daß gerade Sie hier die Fähigkeit besitzen, etwas dazu zu sagen.

Selbstverständlich! Auch die deutschen Historiker benehmen sich da wie die Philosophen. Sie sprechen über alle und alles. Daß die Jahre 1933–1945 funktionierten mit den idiotischen Äusserungen von Denkern, der Verbrennung »undeutschen« Schrifttums oder daß sich ein hochkultiviertes Volk wie die Deutschen benahm wie Kongolesen aus dem Busch, darüber schreiben sie nichts.

Sie meinen, lieber Herr Jünger, einiges über Margret Boveris Buch »Verrat«. Haben Sie gemerkt, daß auch sie nicht das Urteilsvermögen besitzt, das Prinzip vom »Verrat« klar zu definieren? Seit wann ist Widerstand gegen Hitler ein Teil des »Verrats«? Menschen mit Gehirn haben in Deutschland kaum gelernt, umzudenken.

Das gilt auch für Generäle. Ich würde mich doch schämen, unter Hitler einige Jahre als Befehlshaber gewirkt zu haben! Ich sehe da nur Feigheit und Mangel an Mut.

Wann kommen Sie denn endlich einmal nach Berlin?

Gewiß ist es bedauerlich, wenn Ihre Gattin während des Festes ohne Hilfe war. Für Wilflingen mag das aussergewöhnlich sein, in einer Großstadt hingegen ist es eine allgemeine Tatsache. Deshalb empfingen wir unsere Gäste nur im Restaurant, wo es noch Kellner gibt. Wenn Ihre Gattin trotzdem immer guter Laune bleibt, wundert mich das nicht, denn in ihrer menschlichen Wärme steckt sehr viel Stärke, die andere wahrscheinlich bei solchen Unannehmlichkeiten sofort verlieren.

Herzliche Grüße und Wünsche von Haus zu Haus

stets Ihr

J Wulf

65   *Jünger an Wulf, 14. Januar 1965*

Lieber Herr Wulf,

Besten Dank für Ihre Zeilen vom 10. Januar. Die Beantwortung Ihrer Fragen müßte Bücher füllen; es mag Ihnen genügen, daß ich in Beurteilung der Schandtaten mit Ihnen einig bin. Ich habe daraus auch nie einen Hehl gemacht, besonders dann nicht, als es hochgefährlich war.

   Ich bin im Aufbruch nach Ingelheim, will dort Ernst Boehringer das letzte Geleit geben.

Bitte grüßen Sie auch die Gattin

Von Ihrem

Ernst Jünger

66   *Wulf an Jünger, 21. Januar 1965*

Lieber Herr Jünger,

besten Dank für Ihren Brief vom 14. ds. Mts., den ich – offen gesprochen – nicht verstehe. Ich fragte bei Ihnen an, warum in »Pourquoi Hitler?« nichts Neues sein sollte. Sie mussten wahrscheinlich sehr wenig Zeit haben, da Sie mir nur kurz antworteten, es möge mir genügen, dass Sie in Beurteilung der Schandtaten des Dritten Reiches mit mir einig sind. Erlauben Sie mir zu bemerken, dass ich diese Feststellung schon in meinem Buch »Literatur und Dichtung im Dritten Reich« klar und prinzipiell getroffen habe. Obwohl viele Schriftsteller, die nur in Schablonen denken können, in verschiedenen Briefen ihr Missfallen ob meiner Einleitung in meinem Buch über Sie zum Ausdruck gebracht haben, stehe ich weiter auf dem Standpunkt, dass Sie im Gegensatz zu vielen prominenten Philosophen und Schriftstellern in Deutschland ab 1933 wie ein freier souveräner Mensch funktioniert haben. Ich werde das auch – wenn die sich auch alle auf den Kopf stellen – in meinen »Tagebüchern« betonen. Aber trotzdem kann ich weiter nicht verstehen, warum Sie heute über Hitler nichts zu sagen haben.

Unsere ganze Diskussion hat doch damit angefangen, dass ich in meinem Brief bemerkt habe, dass sich Philosophen in einer Welt bewegen, die nichts mit der Realität zu tun hat. Als klassisches Beispiel werde ich immer Martin Heidegger geben, der in der Zeit, in der Sie schon genau wussten, was die Ära Hitler mit sich bringen wird und kann, dass in dieser Zeit der grosse Philosoph Heidegger sprach wie ein kleiner NS-Funktionär in einem Provinzstädtchen. Darum geht es mir eigentlich. Nochmals: über Sie und Ihre Haltung habe ich alles gesagt, woran ich glaube. Es beeindruckte mich noch mehr, da ich über Ihre schriftstellerische Tätigkeit bis 1933 ganz anders dachte.

Übrigens las ich gestern über den Tod des Erzbischofs von Lyon, Kardinal Pierre-Marie Gerlier. Auch er gehört für mich zu den ganz grossen Menschen unserer Zeit, obwohl er im November 1940 in einer Predigt noch sagte: »La France, c'est Pétain; toute la France est derrière vous.« Er verstand es aber, sich während der NS-Besatzung in Frankreich für die Résistance einzusetzen und hat Tausenden Juden das Leben gerettet. Und wenn ich über Juden im Dritten Reich spreche, denke ich nicht nur an Menschen, die zu meinem Volke gehören, sondern die Haltung der Nichtjuden in dieser Zeit Juden gegenüber ist für mich überhaupt ein Barometer der menschlichen Substanz. –

Und jetzt interessiert mich nochmals: wann kommen Sie nach Berlin? Meine Frau und ich würden uns wahrlich freuen, Ihre Gattin und Sie bei uns zu empfangen.
Herzliche Grüsse von Haus zu Haus
stets Ihr
J Wulf

67 *Jünger an Wulf, 8. Februar 1965*

Lieber Herr Wulf,
Sie fragen nach meiner Berlin-Reise. Ich mußte sie leider vorerst verschieben, weil ich mich entschlossen habe, eine Einladung Hamburger Freunde nach Wilsede anzunehmen. Dort werde ich auch meinen Sohn Alexander sehen. Wir wollen zusammen in der Lüneburger Heide einige geruhsame Wochen verbringen, während meine Frau hier im Hause die Handwerker hat. Sie meint, das sei bis zu meinem Geburtstag nötig, und ich füge mich dem. »Si femme veut, Dieu veut.« Meine wachsende Abneigung gegen die Großstädte kommt hinzu. Neulich habe ich im Mainzer Europa-Hotel zwei schlaflose Nächte verbracht.

Erst heute komme ich dazu, Ihren Brief vom 21. Januar zu beantworten; ich hatte mit dem Schlußband meiner Ausgabe und neuen Arbeiten zu tun. Das ist übrigens auch einer der Gründe, aus denen ich »für Hitler keine Zeit habe«. Ich habe den Eindruck, meine Zeit fruchtbarer anzuwenden, wenn ich mich mit zukünftigen Dingen, wie etwa dem Weltstaat, beschäftige. Indessen halte ich die Dokumentation durchaus nicht für überflüssig, denn wir bedürfen eines möglichst vollständigen Bildes dessen, das unter keinen Umständen zu wiederholen ist.

Der beiliegende Abschnitt zeigt, daß von vielen Seiten aus an diesem Kapitel der jüngsten Geschichte gearbeitet wird. Erst in der vorigen Woche war ein junger Historiker bei mir, der genau wissen wollte, wie es im Pariser Stabe zuging, wie er gegliedert war und was man dort etwa über die Verschickungen nach Drancy und den gelben Stern gedacht habe. Er hatte erstaunliche Kenntnisse, die meine Erinnerungen übertrafen; ich konnte ihm nur mit einigen Akten aushelfen. Ich sagte ihm, daß mir nichts daran liege, für den »Widerstand« in Anspruch genommen zu werden – jemand, der zwischen den Parteien steht, wird es keiner recht machen. Das haben Sie ja auch gemerkt, und Sie würden sich besser gedient haben, wenn Sie mich nach dem üblichen Schema abserviert hätten. Daß Sie es nicht getan haben, bezeugt, daß Ihre Maßstäbe von den rein polemischen abweichen. Das hat mich erstaunt und erfreut.

Was nun die »Philosophen« betrifft, so reden wir offenbar aneinander vorbei. Für mich bleibt die geistige Rangordnung der Welt bestehen, gleichviel, ob dieser oder jener Philosoph sich politisch richtig verhält oder nicht. Ich kann auch das moralische Verhalten eines Menschen mißbilligen und seine Einsicht hochschätzen. Seneca, Flavius Josephus, Talleyrand.

Wenn Sie dagegen sagen, daß Sie die moralische Beurteilung jeder anderen vorziehen, so nehme ich das an. Dann wird eben ein Geist nicht auf seine philosophischen, sondern auf seine moralischen Qualitäten hin geprüft. Dabei wäre auch noch festzustellen, inwieweit der politische Tageskurs eine Rolle spielt.

Auf Ihre Tagebücher bin ich gespannt. Ich kann mich in Ihre Lage versetzen, denn sie ist ähnlich jener, in der ich mich während der zwanziger Jahre befand. Mich bedrückte damals wie Sie heute ein großes Schicksal, in das ich als junger Mensch hineingezogen worden war. Es dauerte lange, bis ich den Ersten Weltkrieg verdaut hatte. Da mußte ich von neuem anfangen, und dieser Übergang ist schwer. Ich wünsche Ihnen dazu alles Gute, denn Sie haben es verdient.
Bitte grüßen Sie auch die Gattin
Von Ihrem
Ernst Jünger

68   *Wulf an Jünger, 15. Februar 1965*

Lieber Herr Jünger!

Wie schade, daß Sie nicht nach Berlin kommen! Ich hatte mich schon so sehr auf dieses Treffen gefreut und nahm an, wir würden bei einem neuen Gespräch noch viel mehr klären können.

Übrigens war ich letztens zu einer Autoren-Tagung eingeladen, die der Westdeutsche Rundfunk veranstaltete. Ich traf dort in- und ausländische Schriftsteller, Historiker etc. Interessanterweise sprachen mich fast alle auf meine Einleitung zur »Literatur und Dichtung im Dritten Reich« an. So kam es dann zu vielen Gesprächen über Sie und ich betrieb dabei wahrhaft Goebbelsche Propaganda <u>für</u> Sie.

Übrigens war auch der Schriftsteller Manès Sperber (Roman, Essay) anwesend. Ich erläutere sein Schaffen nur, weil Sie mir in Wilflingen einmal sagten, daß Sie kaum Literatur des 20. Jahrhunderts lesen. Sperber sagte mir, er habe 1952 genau meinen Standpunkt in einem Artikel vertreten. Weiß Ihr Herr des Coudres darüber Bescheid? Sperber ist ein schriftstellerisches Phänomen, denn er schreibt in deutsch, französisch und englisch. Wohnen tut er in Paris.

Sie haben recht, wenn Sie bemerken, hinsichtlich der »Philosophen« reden wir aneinander vorbei. Für mich war und ist die moralische Beurteilung ein primäres <u>Prinzip</u>; das wird wahrscheinlich auch so bleiben. Bei der Moral gibt es eben nicht – wie Sie sich ausdrücken – einen »politischen Tageskurs«, sondern Kant zufolge das »Gefühl der Achtung fürs moralische <u>Gesetz</u>«. Bei dieser Einstellung spielt meine ostjüdische Erziehung eine große Rolle.

Ich muß offen gestehen, selbst auf meine »Tagebücher« gespannt zu sein, denn ich bin auf die <u>Grenzen</u> meines humanitären und politischen Engagements neugierig. Man könnte da vielleicht übertreiben oder zu weit gehen.

  Bitte empfehlen Sie mich Ihrer Gattin und nehmen Sie von meiner Frau und mir die herzlichsten Grüße entgegen.

Stets Ihr

J Wulf

P.S. Das Sonderheft zu Ihrem 70. Geburtstag habe ich schon bestellt.

<u>Anlage</u>

69   *Wulf an Jünger, 23. Februar 1965*

Lieber Herr Jünger,
ich habe »Le Monde« abonniert und fand dort die beigefügte Besprechung über
Sie.
   Es ist eine paradoxe Situation, dass man sich – gestatten Sie mir die Bemerkung –
viel mehr und intensiver in Frankreich mit Ihnen beschäftigt als in Deutschland. Im Nachkriegsdeutschland, habe ich manchmal den Eindruck, benötigen
sie noch, was man in der Philosophie Petitio principii nennt, während für die
französischen Kritiker Ihre literarische Position eine klare Realität ist. Es ist –
sprechen wir weiter philosophisch – eine Realpugnanz. Ich würde sagen, dass
unser Kontakt zu derselben Sphäre gehörte, was wir mit Logik und Erkenntnissen ausgeräumt haben, was mich sehr freut.
Herzliche Grüsse von Haus zu Haus
stets Ihr
J Wulf

70   *Jünger an Wulf, 3. März 1965*

Lieber Herr Wulf,
Besten Dank für Ihre beiden Briefe und den Ausschnitt. Ich bekam deren jetzt aus
Frankreich eine ganze Anzahl, alle recht sympathisch gehalten. Das freut mich
vor allem als Zeichen wachsender Annäherung. In einem stand, daß ich den
kommenden Geburtstag wohl ebenso solitär verleben würde wie zu Lebzeiten
des von Ihnen zitierten Doktors. Nun, ganz so wohl nicht, obwohl ich nichts
dagegen hätte. Von den beiden Festschriften durfte ich nichts wissen; ich sollte
»überrascht« werden. Sonst hätte ich einen der Herausgeber angeregt, Sie um
einen Beitrag zu bitten, denn es hätte mich gefreut, Sie unter der Zahl meiner
Freunde zu sehen.
   Herr Sperber ist mir nicht bekannt. Vielleicht geben Sie mir gelegentlich seine
Adresse. Dann sehe ich ihn bei meinem nächsten Pariser Aufenthalt. Das kann
allerdings noch Weile haben.
   Noch zu Ihrem Brief vom 15. Februar: Das politische Engagement darf und
muß Grenzen haben, das humanitäre nicht. Beides in Einklang zu bringen, darin
liegt die Schwierigkeit. Der vollkommene Mensch wird daher auch immer wieder durch den politischen zur Strecke gebracht. Christus, Gandhi, in gewissem
Sinn gehört auch Kennedy hierher.
   Für Ihr »Journal« weiterhin alles Gute. An Stoff kann's jedenfalls nicht fehlen;
wenn ich allein an die Geschichte Ihrer Frau und Ihres Sohnes denke. Was Sie Ihre
»ostjüdische Erziehung« nennen, kann ein gutes Licht geben. Ich weiß nicht, ob

ich Sie schon einmal auf die »Lebensgeschichte, von ihm selbst geschrieben«
des Salomon Maimon aufmerksam gemacht habe. Maimon, in Litauen geboren,
in Schlesien um 1800 gestorben, war einer der begabtesten Kantianer, Vorläufer
Fichtes, ein großer Erkenntnistheoretiker.
Mit besten Grüßen von Haus zu Haus
Ihr
Ernst Jünger

71   *Wulf an Jünger, 6. März 1965*

Lieber Herr Jünger,
seien Sie herzlichst bedankt für Ihre Zeilen vom 3. ds. Mts.
    Die Anschrift von Manès Sperber ist: 6 rue Voisembert, Issy – Les Moulineaus
(S. et O.)
    Sperber ist für meine Begriffe wirklich ein aussergewöhnlicher Schriftsteller
und mit einem Innenleben, das Sie sicherlich genauso beeindrucken wird wie
mich. Ganz sicher wäre es ersprießlich, wenn Sie ihn bei Ihrem nächsten Aufenthalt in Paris kennenlernen, wie Sie das ja auch nach der Anregung in meinem
letzten Schreiben beabsichtigen. Sie sollten tatsächlich mit ihm Kontakt aufnehmen, finde ich.
    Selbstverständlich haben Sie recht, wenn Sie schreiben, »das politische En-
gagement darf und muß Grenzen haben, das humanitäre nicht«. Aber auch da,
lieber Herr Jünger, reden wir wie in den letzten Briefen über die »Philosophen«
ein wenig aneinander vorbei. Für mich ist nämlich das politische Engagement
ein Resultat meines humanitären Glaubens. Eines läßt sich für mich vom anderen
nicht trennen. Deshalb bin ich beispielsweise ein prinzipieller Gegner jeder –
auch positiven – Revolution, wenn diese auch nur einen Menschen demütigt
oder schändet. Mein Gott ist der Mensch. Das lernte ich auf meinen Universitäten: Ghettos, ein Monat im Gestapo-Gefängnis und in zwei Jahren Auschwitz.
Namen wie Robespierre oder Lenin bedeuten daher für mich nichts, überhaupt
nichts!
    Einen Menschen tatsächlich zu retten oder ihm zu helfen, ist viel wichtiger, als
jede Meditation über die Rettung einer anonymen Menschheit.
    Ja, über Salomon Maimon weiß ich natürlich Bescheid. Schon als Zehnjähriger
wußte ich von ihm. Das gehört gewissermaßen zu meiner ostjüdischen Erziehung. Maimon war ein aussergewöhnliches Phänomen.
Alles, alles Gute und herzliche Grüße von Haus zu Haus
immer Ihr
J Wulf

72   *Wulf an Jünger, 23. März 1965*

Lieber Herr Jünger,
in der »Welt am Sonntag« las ich den Aufsatz von H. G. v. Studniz und es freute
mich sehr, daß er Sie in vieler Hinsicht so auffaßt wie ich. Ausserdem weiß ich
ja selbst, wie hochgeschätzt Sie unter französischen Intellektuellen sind. Wie pa-
radox, daß Sie jetzt in Frankreich »moderner« sind als in Deutschland. Ich finde,
das Nachkriegsdeutschland vernachlässigte Sie überhaupt auf eine unsinnige und
absurde Weise. Die Fehlzündung eines geschlagenen Volkes, völlig verkrampft
wie einst sein Hitler.
Alles Gute und herzliche Grüße von Haus zu Haus
stets Ihr
J Wulf

73   *Wulf an Jünger, 29. März 1965*

Verehrter und lieber Herr Jünger,
die herzlichsten Wünsche zu Ihrem 70.
Alles, alles Gute !!! Wünschen
Jenta und Joseph WULF

[Hs. Notiz (nicht von Wulf):]
Mit 2 Flaschen Calvet
+ 1 Flasche Bourbon

74   *Jünger an Wulf, 3. Juli 1965 (Port Said)*

Lieber Herr Wulf,
Herzliche Grüsse von unserer Reise, die noch drei Monate dauern wird. Hier
ist's nach diesem ärgerlichen Winter recht angenehm warm. Hoffentlich sind Sie
Beide wohlauf und lassen sich im Spätherbst wieder einmal in Schwaben sehen.
Herzliche Grüsse von uns beiden
Ihr Ernst Jünger

75 *Jünger an Wulf, 3. August (an Bord)*

Lieber Herr Wulf,
Herzliche Grüsse von unserer Reise, die weiterhin erfreulich fortschreitet. Wir
werden morgen in Yokohama sein. Hoffentlich sind Sie und Ihre Gattin wohlauf.
Alles Gute! Ihr Ernst Jünger

76 *Wulf an Jünger, 27. September 1965*

Lieber Herr Jünger,
nach Ihren Grüssen aus Port Said und Yokohama – diese Weltreise sollte doch
drei Monate dauern – nehme ich an, dass Sie nun schon wieder in Ihrem ruhigen
Wilflingen gelandet sind.
     Es ist nicht sehr »praktisch« Ihnen nach so einer Rundreise einen Brief zu
schreiben. Sie werden wahrscheinlich viel Post und andere Dinge zu erledigen
haben. Aber inzwischen habe ich bei meiner »archivitis« (über diese Krankheit
von mir schrieben und sprachen wir schon) einiges über Sie und von Ihnen gefunden, meine Frau und ich haben wieder einmal uns mit Ihren Meditationen
befasst, ich habe mir unseren bisherigen Briefwechsel etwas tiefer veranschaulicht – und aus allen diesen Gründen muss ich Ihnen diesen Brief nach so langer
Pause schreiben.
     Von Ihrer Reise werde ich sicherlich alles aus Ihren späteren Werken erfahren.
Ich muss deshalb ein wenig Geduld aufbringen.
     Mein »Tagebuch« geht langsam, sehr langsam voran.
     Zur Zeit arbeite ich für das Fernsehen an einem <u>Dokumentar</u>-Film mit dem
Titel »Waffen-SS – Legende und Wirklichkeit«. Diese Arbeit fasziniert mich un-
gemein und ist für mich bei meinem Engagement ein passionierendes Arbeits-
feld. Nachdem ich Ihr Gespräch mit Herrn Dr. Curt Hohoff in der »FAZ« gelesen
habe, muss für Sie das Wort »Engagement« schrecklich klingen. (Ich muss mir
übrigens einmal einige Bücher von Hohoff vornehmen. Er wirkt konservativ –
und für diese »Rasse« habe ich ein faible, d.h. klarer ausgedrückt: nicht für
konservative Ideen, aber für konservative <u>Persönlichkeiten</u>.)
     Apropos Fernsehen: ich sprach über Sie mit dem Programmdirektor des Süd-
westfunks in Baden-Baden, Herrn Günter Gaus. Herr Gaus gehört zu den inter-
essantesten und profiliertesten jungen Deutschen, die ich hierzulande getroffen
habe. Seine Fernseh-Reihe »Zur Person«, in der verschiedene Persönlichkeiten
interviewt werden, sind <u>Dokumente</u> im wahren Sinne des Wortes. Ich finde – gestatten Sie mir diese Bemerkung –, dass auch Sie sich so einem Fragegespräch mit

Herrn Gaus vor dem Fernsehen unterziehen sollten. Diese Sendung »Zur Person« ist im allgemeinen ein hochinteressantes, fast immer pointiertes Zwiegespräch, eine Art Befragung, Unterredung bzw. Fragegespräch. Meiner Überzeugung nach sollten Sie, lieber Herr Jünger, unbedingt auf eine solche Fernseh-Unterhaltung eingehen. Die Welt sollte Sie als Schriftsteller und Philosoph nicht nur durch Ihre Werke kennenlernen. Ich sagte Herrn Gaus, dass ich Ihnen darüber schreiben würde. Ich hoffe sehr – und bitte Sie auch darum –, dass Sie darauf eingehen. Falls ja, wird Herr Gaus Sie zuerst in Wilflingen besuchen müssen.

Machen Sie bitte Herrn Dr. des Coudres darauf aufmerksam, dass in der Zeit-schrift der ehemaligen Waffen-SS »Der Freiwillige« (Januar- und Februar-Heft 1960) über Sie zwei Aufsätze vorhanden sind. Auch in »Nation Europa« (Zeit-schrift der Neofaschisten) – September 1959 – steht ein Aufsatz über Sie. Ich glaube kaum, dass Herr Dr. des Coudres an diese Quellen herankommt. Es würde mich freuen, wenn ich ihm mit meinen Hinweisen zuvorkomme, genau wie bei den Dokumentationen aus dem Archiv der Preussischen Akademie der Künste. Übrigens musste ich lachen, als ich sah, dass einerseits die ehemalige Waffen-SS bzw. die Neofaschisten Sie für sich in Anspruch nehmen, andererseits ich Sie in meinem Buch unter die innere Emigration während des Dritten Reiches einge-stuft habe.

Ich glaube, für heute ist es genug.

Mit herzlichen Grüssen von Haus zu Haus

Ihr sehr ergebener

J Wulf

77   *Wulf an Jünger, 19. Oktober 1965*

Lieber Herr Jünger,

zwar habe ich nach meinem letzten Brief und nach unserem Telefonat noch nichts von Ihnen gehört, aber ich möchte Ihnen trotzdem aus folgendem Grunde schon wieder schreiben: Ich war gestern beim Südwestfunk in Baden-Baden, wo ich mit dem Programmdirektor, Herrn Günter Gaus, über meine Mitarbeit beim Südwestfunk verhandelt habe.

Ich schrieb Ihnen schon letztens über die äusserst interessante Fernsehreihe von Herrn Gaus »Zur Person« – und ich muss Ihnen wiederholen, dass ich sehr daran interessiert bin, [dass] gerade von Ihnen in dieser Reihe so ein bleiben-des Dokument bewahrt wird. Ich habe bei Ihnen schon in meinem Brief vom 27. September dafür Propaganda gemacht – bei Herrn Gaus, mit dem ich ges-tern wieder darüber sprach, ist es gar nicht nötig, denn es ist sein sehr grosser Wunsch, mit Ihnen so ein Zwie-Fragegespräch im Fernsehen zu führen.

Die Frage ist nur, wie stellt man es an, dass es wirklich realisiert wird. Da ich bei diesen Sachen ein ganz konkreter Mensch bin, würde ich doch vorschlagen, dass Herr Gaus Sie einmal besucht. Unabhängig von der Fernseh-Sendung würde Sie Herr Gaus sehr interessieren. Was ich über ihn denke, habe ich Ihnen schon geschrieben.

Ich weiss – ich kenne Sie ein wenig – wie fremd für Sie so ein Medium wie das Fernsehen (und vielleicht das Wort Medium selbst) ist. Und ich denke jetzt nach – ich sage es Ihnen offen – mit welchen propagandistischen Mitteln ich hier arbeiten soll, um dieses Treffen und dieses Fernseh-Gespräch zu verwirklichen. Ich schreibe deshalb so viel darüber, da es mir als Historiker einfach um ein solches Jünger-Dokument geht, das Bestand hat.

Hoffentlich bekomme ich von Ihnen – wenn auch im Telegrammstil – einiges über Ihre letzte Reise und die von Ihnen erwähnten Dokumente. Es hat mich sehr gefreut, als Sie mir am Telefon sagten, dass Sie auf Ihrer Weltreise intensiv geschrieben haben.

Ich schreibe heute kurz, da ich nach meiner Rückkehr einen Haufen Arbeit habe und verbleibe mit herzlichen Grüssen von Haus zu Haus
stets Ihr
J Wulf

78   *Jünger an Wulf, 28. Oktober 1965*

Lieber Herr Wulf,
Besten Dank für Ihre Zeilen vom 27. Oktober [richtig: September]; ich fand sie nach meiner Rückkehr bei der Post. Inzwischen hörte ich ja auch, daß Sie gesund und wohlauf sind. Übrigens habe ich während meiner Reise auch geraucht, zwanzig Amerikaner täglich, aber nur von Genua bis Genua.

Fernseh- und Rundfunkleuten, deren Gesellschaft Sie mir anempfehlen, gehe ich möglichst aus dem Weg. A quoi ça peut servir? Das steigert den Umsatz und mindert die Substanz. Mir liegen Methoden eher, die auf das Gegenteil gerichtet sind. Außerdem liegt die Gefahr nahe, daß man, was mir noch nie gepaßt hat, als »dazu gehörig« angesehen wird.

Zu Ihrem Schlußsatz (Inanspruchnahme von konträren Seiten) erinnere ich an das Wort von Hegel, daß »die Wahrheit im Ganzen steckt«. Heut fragt man eher danach, was man mit einem Manne machen kann, als danach, wie er gewachsen ist. Sähe man das, so würden sich viele Widersprüche auflösen.
Mit guten Wünschen Ihr
Ernst Jünger

PS. Für Ihr Archiv lege ich zwei Briefe und einen Sonderdruck bei. Dr. des Coudres wird immer für Hinweise dankbar sein.

79   Wulf an Jünger, 30. Oktober 1965

Lieber Herr Jünger,
ich bombardiere Sie letztens mit Briefen.

Hier »nur« die Kopie eines Briefes an Herrn Hoppe (Hauptabteilungsleiter im Westdeutschen Rundfunk), der bei mir die Bearbeitung einer »Dokumentation über Verbrechen gegen die Menschlichkeit in Schlesien Januar–Februar 1945« bestellte.

Ich hatte ursprünglich diese Arbeit akzeptiert. Jetzt, wie Sie sehen, lehne ich diese Arbeit ab.

Ich übersende Ihnen die Kopie, da ich glaube, dass es für unseren Kontakt wichtig ist, dass Sie sie lesen.

Mit herzlichen Grüssen von Haus zu Haus
stets Ihr
J Wulf

80   Wulf an Jünger, 12. November 1965

Lieber Herr Jünger,
ich danke Ihnen für Ihren Brief vom 28. Oktober, auf den ich noch zurückkommen werde. Überhaupt liegt jetzt bei mir eine Mappe »Jünger« mit vielen Briefen und Notizen, die ich noch durchdenken muss. Es sind einfach verschiedene Probleme, die mich bewegen und über die ich Sie – wie üblich – informieren möchte. Unsere bisher geführte ausgiebige Korrespondenz wird Ihnen ja schon gezeigt haben, dass für mich Ihre Reaktionen bzw. Ihre Meinung einfach wichtig sind. Für die Mappe »Jünger« muss ich aber mehr Zeit (und vielleicht auch eine andere Stimmung) haben als heute.

Heute erlaube ich mir an Sie mit folgender Bitte heranzutreten. Ich arbeite zur Zeit an dem »Fall« Wolfram Sievers. Sie wissen wahrscheinlich, dass Sievers während des Dritten Reiches Geschäftsführer von Himmlers »Forschungsgemeinschaft Ahnenerbe« war (die sich u. a. eifrig mit Versuchen an Häftlingen in KZs beschäftigte) und nach dem Kriege bei dem »Ärzte-Prozess« in Nürnberg zum Tode verurteilt wurde.

Der Fall Sievers hat aber noch eine andere Seite, nämlich die Aussage Ihres langjährigen Freundes Friedrich Hielscher, der sich <u>für</u> Sievers nach dem Kriege mit viel Energie und Initiative bei den Alliierten (allerdings erfolglos) einsetzte. Es geht mir jetzt um folgendes: ich werde sämtliche Dokumente der Anklage zu meiner Verfügung haben. Wahrscheinlich hat Herr Hielscher alles Material, das entlastend für Sievers spricht. Ich möchte mir ein objektives Bild von dem Fall Wolfram Sievers verschaffen. Vor längerer Zeit schrieben Sie mir einmal, dass es wünschenswert sein könnte, wenn ich mit Hielscher Kontakt aufnehmen würde. Bis jetzt kam ich noch nicht dazu. Nun wäre ich Ihnen aber äusserst dankbar, wenn Sie mich mit einem Brief an Hielscher »einführen«, damit er dann auf einen Brief von mir vorbereitet ist. Sie werden es mir hoffentlich nicht verargen, wenn ich Sie dazu bitte, dass Sie möglichst schnell an Hielscher schreiben, damit ich dann an ihn mit meinen Fragen herantreten kann.

Das Buch von Hielscher »50 Jahre unter Deutschen« habe ich gelesen. Es ist ein eigenartiges Buch. Aber darüber vielleicht ein anderes Mal mehr.

Ich hoffe sehr, dass Sie jetzt für meine Bitte Zeit und Geduld aufbringen.
Mit herzlichen Grüssen von Haus zu Haus
stets Ihr
J Wulf

81   *Jünger an Wulf, 14. November 1965*

Lieber Herr Wulf,
Von Wolfram Sievers habe ich nur durch Friedrich Hielscher gehört, der ihn auch auf seinem letzten Gange begleitet hat.

Dr. Friedrich Hielscher, 7741 Schönwald, Auf dem Rimprechtshofe. Ich habe ihm geschrieben, daß eine Anfrage von Ihnen kommen wird.

Noch etwas anderes: Können Sie mir in zwei oder drei Sätzen mitteilen, wie der Golem entsteht? Wird er einfach aus Lehm geformt oder wird ein Mensch reduziert? Und was fehlt dem Golem dann? Etwa der oder das »Schem«? Ist das weggenommen oder war es von Anfang an nicht da?

Hier liegt seit gestern Schnee. Vor kurzem war ich noch in Singapore und hatte dort Sonne nach Herzenslust. Bitte grüßen Sie auch die Gattin
Von Ihrem
Ernst Jünger

82   *Wulf an Jünger, 18. November 1965*

Lieber Herr Jünger,
herzlichen Dank für Ihren Brief vom 14. d. M. Zwar habe ich noch immer keine Zeit, meine »Jünger«-Mappe zu beantworten, aber ich möchte Ihre Anfrage bez. »Golem« ein wenig erläutern. (Mit zwei oder drei Sätzen ist das nicht erledigt, wie Sie meinen.)

Golem ist eine durch abergläubische Überlieferung geschaffene Kreatur menschlicher Art, nicht unbedingt und immer verbunden mit dem Gottesnamen (d. h. »Schem« – was eine Bezeichnung des <u>unausgesprochenen</u> Namen Gottes bedeutet. Fromme Juden sprachen <u>niemals</u> Jehowa bzw. Jahwe aus – was Gott bedeutet – sondern »Schem«, was »der Name« bedeutet.)

Golem ist der Homunculus der jüdischen Mystik (was nicht mit »kleiner Mann«, bzw. »Menschlein« – Goethes Faust II oder Paracelsus in seiner Schrift »De generatione Rerum Naturalium« zu verwechseln ist. Der jüdische »Golem« war nämlich hauptsächlich ein Riese.) Wörtlich bedeutet Golem »der Gestaltlose« (Ps 139, 16). <u>Für mich eher der Seelenlose.</u> (In diesem Sinne wird Golem in den jüdischen mystischen Schriften seit dem 12. Jahrhundert besonders aufgefasst.) Nach der überlieferten jüdischen Saga der Mystiker muss nicht der Golem – wie Sie es schreiben – aus Lehm, sondern kann aus »jungfräulicher« (kabbalistischer Terminus) Materie geformt werden. In bestimmten kabbalistischen Werken kann sogar der »Golem« ein wenig sprechen, was auf einem Satz im Talmud beruht. (»Wenn die Gerechten wollen, können sie eine Welt schaffen.«) Nach der kabbalistischen Überlieferung konnte man den »Golem« (es gibt unzählige Hinweise darauf) durch verschiedene Verknüpfungen und Vereinigungen verschiedener Buchstaben schaffen. An »Schem« wagten sich nur ganz Wenige. Würden Sie <u>mich</u> nach einer Definition des »Golem« fragen, würde ich »Pseudomensch« antworten. Die erste Legende von einem »faktischen« »Golem« existiert aus der Mitte des XVI. Jahrhunderts. Dieser »Golem« soll durch Rabbi Eliahu aus Chelm aus Tonerde geschaffen worden sein. Der Rabbi habe ein Stück Papier mit dem Gottesnamen dem »Golem« an die Stirn angeheftet. Da dieser »Golem« lebte (er sprach nicht) und pausenlos riesenhaft wuchs, musste er vernichtet werden, was durch Abnahme des oben erwähnten Papiers mit dem Gottesnamen geschah. Der berühmteste »Golem« war der des Hohen Rabbi Löw in Prag (gestorben 1609) – er wurde deshalb so berühmt, da sich mit ihm schon viele Schriftsteller befassten und auf diese Weise um ihn viel »publicity« getrieben wurde. Er war einfach ein gutes Sujet für Schriftsteller.

Bei den »Chassidim« (die Anhänger des Chassidismus – vide Martin Buber) wurde auch erzählt, dass der Gründer des Chassidismus, Rabbi Israel Baal-Schem-tow (meine Frau ist die zehnte Generation von ihm), sich auch bemühte, so einen »seelenlosen Menschen« zu schaffen.

Übrigens gibt es ähnliche Legenden von lebenden Monumenten, Statuen etc. bei den Babyloniern, Ägyptern, Griechen und Römern (nicht zu vergessen ist hier das Jesus-Wunder mit den 12 Sperlingen aus Lehm, Legenden um Papst Sylvester II, Alraune etc.).

Es sind mehr als drei Sätze geworden – aber das konnte ich nicht in weniger Worte zusammenfassen, weil ich es einfach aus meiner Jugend-Zeit und der Atmosphäre, in der ich damals lebte, referiere.

Vielen Dank für Ihren Brief an Herrn Friedrich Hielscher. Ich schreibe auch an ihn – hoffentlich hilft er mir bei meiner Arbeit.
Herzliche Grüsse von Ihrem
J Wulf

83   *Wulf an Jünger, Dezember 1965*

Frohes Fest
und ein glückliches,
gesundes und
erfolgreiches 1966
J. u. J. WULF

84   *Wulf an Jünger, 25. Dezember 1965 (Paris)*

Lieber Herr Jünger,
wir sind hier bei unseren Kindern. Ich beobachte meine kleine Enkelin (15 Monate) und meditiere. Es ist ein grosses Erlebnis, – nach soviel liquidierten Wulfs – eine kleine Wulf zu sehen.
    Wir verbleiben hier bis zum 2. Januar.
Herzliche Grüsse von Haus zu Haus
stets Ihr
J. Wulf

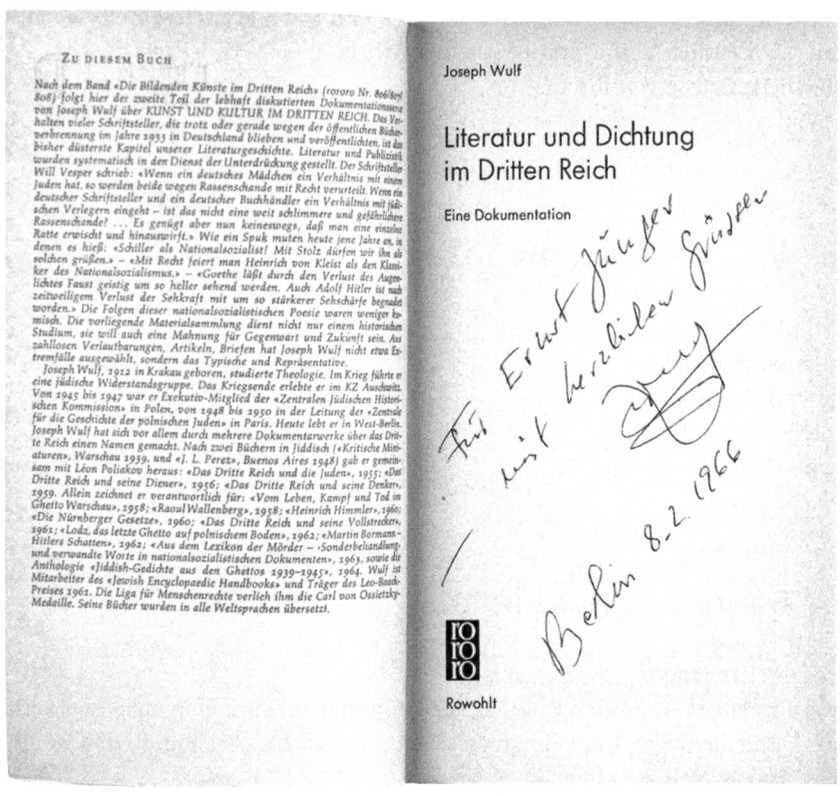

Abb. 4: Rowohlt-Ausgabe von Wulfs »Literatur und Dichtung im Dritten Reich«
mit Widmung an Jünger

85   Jünger an Wulf, 28. Februar 1966

Lieber Herr Wulf,
Immer noch habe ich zu danken für die Rowohlt-Ausgabe von »Literatur und
Dichtung«. Ich habe die Texte wieder einmal studiert. Benn kommt meiner An-
sicht nach zu schlecht in Ihrer Beurteilung weg. Hoffentlich sind Sie und Ihre
Gattin wohlauf. Ich bin schon wieder europamüde.
Ihr Ernst Jünger

86   *Wulf an Jünger, 9. März 1966*

Lieber Herr Jünger,
vielen Dank für Ihre freundliche Karte vom 28. d. Mts. Ich schulde Ihnen auch
noch die Antwort auf einen Brief von Ende 1965. Es liegt bei mir überhaupt
eine Mappe »Ernst Jünger« mit Notizen und Artikeln über Sie. Leider muß ich
gestehen, daß meine Arbeiten mich vollauf in Anspruch nehmen, besonders die
sogenannten Nebenarbeiten, ohne die ich meine eigentlichen Arbeiten nicht finanzieren kann.

Die vielen bisher von mir erschienenen Dokumentationen brachten mir –
wenn ich so sagen darf – nur Ruhm ein, finanziell bedeuten sie eine absolute
Pleite. So konnte ich meine fünfbändige Serie über Kunst und Kultur im Dritten
Reich nur durch Vorschüsse herausbringen (Sekretariat, Tausende von Fotokopien). Noch heute schulde ich dem Sigbert Mohn Verlag 30.000,- DM. Selbst
wenn sich die Rowohlt-Ausgaben gut verkaufen, geht alles an den Sigbert Mohn
Verlag zur Tilgung der Schulden. Tantiemen für meine Dokumentationen, über
die Hunderte von Besprechungen in unzähligen Sprachen erschienen sind, werden höchstwahrscheinlich nicht einmal meine Enkelkinder zu sehen bekommen. Aber ich sah in meiner Arbeit eben Engagement, Pflicht und Aufgabe. Weshalb ich Ihnen das eigentlich schreibe, weiß ich selbst nicht. Es dürfte Sie auch
kaum interessieren. Vielleicht schreibe ich es, weil Sie mir im Brief vom 28.10.65
hinsichtlich Rundfunk und Fernsehen schrieben: »Das steigert den Umsatz und
mindert die Substanz«. Aber ohne meine Arbeit im Rundfunk, die sehr zeitrau-
bend ist, könnten viele meiner Dokumentationen nicht erscheinen. Das ist die
bedauerliche Realität. Für Sie heißt es »entweder Umsatz oder Substanz«, für
mich »entweder Substanz oder nichts«. Da wir beide Sinn für Proportionen haben, werden Sie mich verstehen.

Bezüglich Rundfunk und Fernsehen schrieben Sie am 28.10.65 auch: »Ausserdem liegt die Gefahr nahe, daß man, was mir noch nie gepaßt hat, als ›dazu
gehörig‹ angesehen wird«. Wie soll ich »was mir noch nie gepaßt hat« verstehen?
Waren Sie etwa in der Weimarer Republik bei einer ganz bestimmten Richtung
nicht »dazu gehörig«? Wenn ich »bestimmte Richtung« sage, meine ich die 70–
80 Jahre vor dem Dritten Reich mit allem, was dazu gehört, denn das Dritte Reich
war kein »Betriebsunfall«, sondern Resultat von jahrelang gezüchteten »Zugehörigkeiten«, die »durch Geburt, Erziehung, Vorurteile« bestimmt wurden. So
steht es in Ihrem Brief, der mich übrigens tief beeindruckt hat, ebenso heißt es
darin, treten »die angeborene und innewohnende Humanität« erst hervor »mit
den wachsenden Gefahren«. Ihre Stärke in dieser Hinsicht habe ich völlig erfaßt.
Deshalb meine Einleitung zu »Literatur und Dichtung im Dritten Reich«.

Auf Ihrer letzten Karte schreiben Sie: »Benn kommt meiner Ansicht nach
zu schlecht in Ihrer Beurteilung weg«. Warum denn? Weil der große Dichter
nach der sogenannten »Nationalen Revolution« plötzlich 1933 anfing, wie ein

NS-Funktionär zu schreiben? Dabei hat sie ihn innerlich niemals interessiert!
Mein Gott, je länger ich über das Jahr 1933 nachdenke, desto mehr Respekt bekomme ich vor Ihrem Geist und Ihrer Vorahnung. Warum nur Benn? Hat etwa
Heidegger (Rektoratsrede 1933) nicht auch wie ein NS-Funktionär aus der tiefs-
ten Provinz gesprochen? Höchstwahrscheinlich werde ich das Jahr 1933 niemals
richtig verstehen. Plötzlich funktionierten und handelten Menschen von ewigem
Geist wie Idioten.

Beim Schreiben dieses Briefes finde ich, wir sollten eigentlich unseren Briefwechsel seit 1963 mal veröffentlichen. Rom und Jerusalem: nicht wahr?
Herzliche Grüße von Haus zu Haus
stets Ihr J Wulf

87   Jünger an Wulf, 2. April 1966

Lieber Herr Wulf,
Dank für Ihre Zeilen vom 3. [9.] März. Was Sie mir darin über Ihre Finanzlage
mitteilen, könnte daran liegen, daß »der Umsatz« zu stark gesteigert worden ist.
Das betrifft vielleicht schon den Umfang der Bücher – mir schwand bereits viel
aus der Erinnerung, vor allem die Umtriebe der zahllosen Statisten, während
andere Gestalten sich konzentriert haben. Ich denke etwa an den fürchterlichen
Willrich und seinen Vernichtungsfeldzug gegen Benn oder an die unter der Mas-
ke eines feinen Literaturkenners betriebene Verleumdungskampagne eines Will
Vesper, der auch mich zuweilen »vorgenommen« hat. Sein Sohn setzte das noch
unlängst in der »Soldatenzeitung« fort. Da die Anwürfe auch meinen gefallenen
Sohn betrafen, mußte ich sie ausnahmsweise berichtigen. Ungern lese ich auch,
wie jetzt auf dem Klappentext des dritten Bandes von »Strahlungen«, daß ich
»wegen Wehrunwürdigkeit entlassen« sei. Ich sorgte vielmehr im Kreise Burg-
dorf als Volkssturmführer für Ordnung, nachdem der Kreisleiter und alle Partei-
größen längst das Weite gesucht hatten. Wir durften und dürfen das ausbaden.

Was Benn betrifft, so sollten Sie eben auch die Gesamtlage berücksichtigen: die
politische Unfähigkeit der Weimarer Republik und den Ekel, der sich in ihm vor
dem Literatenkreise der sogenannten »golden twenties«, in dem er verkehrte,
angehäuft hatte, ferner seine eigene Ahnungslosigkeit, die ihn die neuen Leute
überschätzen ließ. Da ich sie aus der Nähe kannte, war ich besser informiert. Einmal sagte Benn dann etwa, er habe »Götterdämmerung« erwartet, aber immer
nur »Husarenfieber« gehört.

Eine »Bewältigung« halte ich für möglich entweder durch einen großen Roman oder durch die Tragödie mit anschließendem Satyrspiel. Auch überzeugt
mich das Todesurteil, das jetzt in der Ostzone gegen einen KZ-Arzt gefällt wurde, mehr als der ganze westliche Auschwitz-Prozeß.

Was heute auf den Bühnen gespielt wird, geht über die Reportage nicht hinaus. Das Stück von Hochhuth halte ich insofern für verdienstlich, als es die Grundvoraussetzung der Katastrophe berührt, nämlich die generelle Feigheit, die der Brutalität erst die Bahn öffnet. Daß er dabei gleich die Spitze der Weltreputation angreift, ist nicht übel, denn mit dem Ansehen wächst die Verantwortung. Mitleid kann jeder spenden, Schutz nur der Mächtige.

Ich komme gerade vom Besuch bei einem befreundeten Geistlichen zurück, der mir eine groteske Schilderung des Begräbnisses des Fürsten Fürstenberg zu Donau-Eschingen gab. Dieser, der schon bei Wilhelm II. geliebedienert hatte, wie seine Vorfahren bei Ludwig XIV., ließ sich in der Uniform eines S.A.-Obersturmbannführers beerdigen. Die Grabpredigt hielt Conrad Gröber, Erzbischof von Freiburg; er hatte sie in zwei Teile gegliedert – erstens der Fürst als vorbildlicher Nationalsozialist, zweitens als guter Christ. Post festum hörte man es anders; aber der Kolonialwarenhändler an der Ecke, der um seinen Laden gezittert hatte, blieb das schwarze Schaf.

Mit der Publikation von Briefen und Briefwechseln sollte man warten, bis wenigstens einer der Korrespondenten ad patres gegangen ist.

Hoffentlich sind Sie und Frau Wulf wohlauf. Ich habe einen Rückfall in die Raucherei, bediene mich aber einer Pfeife dazu. Rowohlt schickte mir Ihre Paperbacks, für die ich Ihnen meinen Dank sage.
Mit guten Wünschen
Ihr Ernst Jünger

88   *Wulf an Jünger, 4. Juni 1966*

Lieber Herr Jünger –
Ihren Brief vom 2. April d. J. wollte ich schon einige Male beantworten, aber ich kam einfach nicht dazu.

Ich habe eine grössere Arbeit für das Fernsehen übernommen – eine Dokumentation in drei Teilen »Die Geschichte der Wehrmacht« von 1918 bis 1945. Es ist ein passionierendes und dabei sehr kompliziertes Thema – erst beim Studium merkt man, wie die Entwicklung der Reichswehr zum sittlichen Versagen der Wehrmacht führte. Es ist kein Thema für einen Brief – mehr für ein langes Gespräch.

Dabei weiss ich auch nicht, ob Sie so ein Thema heute interessiert, vor allem weil Sie jetzt – ich hörte Sie gestern im Fernsehen – bei den Insekten sind. Ich bedaure übrigens, dass Sie sich jetzt ausschliesslich mit Insekten beschäftigen, denn ich glaube weiter, dass Sie nach dem Zweiten Weltkrieg vieles zu sagen hätten, worauf viele vergeblich warten. Ich hoffe, Sie nehmen es mir nicht übel, lieber Herr Jünger, wenn ich so direkt formuliere. Ich schreibe es vor allem auch deshalb, weil Sie doch von diversen Personen sehr verschiedenartig gedeutet werden. Es gibt Gruppen (Sie wehren sich gegen diese Bezeichnung), die Sie für sich in Anspruch nehmen – obwohl Sie (heute) nicht (mehr) zu Ihnen gehören.

In Ihrem letzten Brief nehmen Sie wieder Benn in Schutz und Sie schreiben über die Unfähigkeit der Weimarer Republik, über Benns Ahnungslosigkeit etc.

Selbstverständlich hat die Weimarer Republik total versagt – aber wer hat sie denn guten Willens unterstützt? Es gab doch verschiedene ganz gegnerische Gruppen (denken Sie nur an die ›völkischen‹ Kreise, die Reichswehr, die Frei-korps) mit so primitiven, groben und dummen Auffassungen, die einen Koloss umwerfen konnten. Mussten geistige Menschen das nicht merken? Nach 1933 hat sich Benn von dem Sieg gerade dieser Kreise mitreissen lassen, aber nach 1945 war er doch nicht mehr so ahnungslos, um die Dinge in ihrem Zusammenhang zu sehen. Und er brachte niemals den Mut auf, alles offen zu gestehen und dazu männlich Stellung zu nehmen. Benn ist selbstverständlich nicht der einzige, der nach 1945 gestottert und intellektuell gemogelt hat. Es ist meine Überzeugung, dass die Benns Deutschland nach allem, was 1933–1945 und speziell in den Kriegsjahren geschehen ist, zugeben, bekennen, die Wahrheit sagen sollten. Je-der ehemalige Kommunist oder Mitläufer – ich spreche von den Intellektuellen – hielt es für seine Pflicht, sich mit der Wahrheit der Öffentlichkeit zu stellen. So handelten Ignazio Silone, Artur Koestler oder Howard Fast. In Deutschland trat nach 1945 das Gegenteil ein – und die Folgen dieses Schweigens, Manipulierens oder Schwindelns sind heute deutlich sichtbar.

Die »generelle Feigheit« von der Sie schreiben, begann hier 1933 und dauert bis heute. Das Jahr 1945 hat keine Revolution oder das notwendige radikale Um-denken gebracht.

Übrigens: der Erzbischof Gröber, von dem Sie in Ihrem letzten Brief erzählen, war Förderndes Mitglied der SS. Nach dem Kriege unterzeichnete er über diese Mitgliedschaft eine Erklärung, die genau so verlogen war wie sämtliche Erläute-rungen von Benn.

Ich frage Sie nicht, wie es Ihnen geht, da meine Frau und ich Sie im Fernsehen beobachtet haben und fanden, dass Sie absolut wohlauf sind.
Mit den besten Grüssen und Wünschen von
Haus zu Haus
J Wulf

89   *Wulf an Jünger, 16. Juni 1966*

Lieber Herr Jünger –
vor einigen Tagen bekam ich einen Brief des Sohnes des ehemaligen Geschäfts-
führers der Reichsschrifttumskammer, Wilhelm Ihde.

Natürlich ist Wilhelm Ihde in meinem Buch »Literatur und Dichtung im Dritten Reich« oft erwähnt – er unterzeichnete auch den Ausschluss von Gottfried
Benn aus der Kammer.

Den Sohn stört nun speziell, dass ich seinen Vater als »kleinen Mitarbeiter an
NS-Provinzblättern« bezeichnet habe.

Vielleicht wird Sie meine Antwort interessieren.

Mit herzlichen Grüssen und besten Wünschen
von Haus zu Haus
J Wulf

90   *Jünger an Wulf, 19. Juni 1966*

Lieber Herr Wulf,
In Korsika las ich jetzt, ich glaube im Figaro Littéraire, daß Benoist-Méchin einen
neuen Band über die Geschichte der deutschen Armee veröffentlicht hat. Sein
Werk, das bereits vor dem Kriege begonnen wurde, sollten Sie zu Rate ziehen.

Sie fragen, ob mich das Thema heute interessiert. Gewiß, falls seine Behandlung sich nicht auf die Zusammentragung belastenden Materials beschränkt.

Darüber, daß die Armee sich nicht mit der Politik, weder mit der inneren
noch mit der äußeren, zu befassen hat, gibt es heute kaum einen Zweifel mehr.
Die klassische Zurechtweisung ist die des französischen Generalstabes während
der Dreyfus-Affaire, den klassischen Typus des politisch gescheiterten Soldaten
verkörpert Boulanger.

Die Weimarer Republik wachte peinlich darüber, dass das Heer sich nicht in
die Politik mischte. Seeckt, der sich während des Kapp-Putsches als zuverlässig
bewährt hatte, mußte eines verhältnismäßig kleinen Vorfalles, mehr einer politischen Ungeschicklichkeit wegen, gehen.

Als dann die Nationalsozialisten kamen, und zwar legaliter, wurde gehofft,
daß die Armee sich auflehnte. Daß sie jedenfalls nicht harmonierte, bezeugen die
Biographien von Fritsch, Blomberg und vielen anderen bis zu Rommel, Hofacker
und Stauffenberg hin. Ob Stauffenberg recht oder auch nur richtig handelte,
darüber gibt es heute, auch in der Bundeswehr, noch verschiedene Ansichten.

Viel ließe sich noch über das Thema sagen – auch über die Differenz seiner
moralischen oder politischen Betrachtung und die Notwendigkeit ihrer stereos-
kopischen Zusammenschau. Im praktischen Handeln bringen wir es ja leider
nicht über den Kompromiß hinaus. Keiner kommt mit weißer Weste davon.

Aber Sie haben recht: es ist kein Thema für einen Brief.

Bitte grüßen Sie auch die Gattin von

Ihrem

Ernst Jünger

91   *Wulf an Jünger, 24. Juni 1966*

Lieber Herr Jünger,
die Bücher von Benoist-Méchin über die Reichswehr bzw. Wehrmacht habe ich
sehr aufmerksam gelesen. Er bemüht sich, objektiv zu sein, kann aber nicht aus
seiner faschistoiden Haut heraus. Ich nehme an, Sie kennen mich und wissen,
daß ich Menschen nicht einfach schwarz-weiß sehe. Differenzierung und Nuan-
ce liegt mir mehr. Das ist einfach interessanter. Der Antikommunismus von Benoist-Méchin ist mir, dem Antikommunisten – und das ausgesprochen – einfach
zuwider. Sein Antikommunismus hat dieselben Wurzeln wie der eines Armin
Mohler, der nach eigenen Angaben »schwarz« nach Hitler-Deutschland kam,
um als »Freiwilliger«, »unter dem Eindruck des Rußlandkrieges« zu »kämpfen«. D. h. für den freien Schweizer Armin Mohler schien es wichtig, die NKWD
durch die SS zu ersetzen. Sie werden verstehen, daß ich einen solchen Antikommunismus genauso verachte wie den Nationalsozialismus. Von dieser Einstellung
spürt man auch etwas bei Benoist-Méchin, obwohl sein Faschismus viel idealisti-
scher ist, falls Idealismus – ein Begriff, mit dem sich Männer von Plato bis Hegel
befaßt haben – auf diese barbarische »Bewegung« überhaupt anwendbar ist. Da
Sie nun Benoist-Méchin erwähnten, verstehe ich beinah metaphysisch, weshalb
er sich einen Teil seines Lebens mit der Reichswehr und der Wehrmacht befaßte.
Ich kenne ihn nicht, aber beim Lesen hielt ich ihn als Wehrmacht-Offizier für
höchst geeignet – und das unter Hitler – mehr als Staatssekretär der Vichy-Regierung.

Obwohl wir beide den Standpunkt vertreten, das Thema Wehrmacht eigne
sich nicht für einen Brief, machten Sie in Ihrem letzten Schreiben vom 19. ds. Mts.
einige konkrete Bemerkungen, die mir eindeutig zeigen, in welchem Maße das
Thema – das Problem – Reichswehr oder Wehrmacht von deutschen Kennern
und Historikern manipuliert und zum Tabu gemacht wurde. Ich befasse mich
mit diesem Thema so eingehend und – verzeihen Sie – auch unbefangen, daß
ich richtig erstaunt war, Ihre Zeilen zu lesen. Sie meinen, die Behandlung dieses
Themas »solle nicht auf die Zusammentragung von belastendem Material be-

schränkt werden«. Leider muß ich gestehen, je mehr ich studiere und analysiere, desto mehr Belastendes finde ich. Man braucht da nicht tendenziös zu sein oder zu suchen. Es kommt auf einen zu, wenn man nur weltoffen und unvoreingenommen denkt.

Schon die Fälle oder Namen, die Sie aufzählen, sehen in Wahrheit anders aus, als es deutsche Historiker und andere Zeitgenossen darstellen. Gestatten Sie mir, zu einigen Fällen Stellung zu nehmen:

1) Sie schreiben, »die Weimarer Republik wachte peinlich darüber, daß das Heer sich nicht in die Politik mischte«. Aber was tat das Offizierskorps des Heeres? War es nicht strikt mit allem »Völkischen«, Nationalistischen, Chauvinistischen und Antisemitistischen verbunden? War das etwa keine Politik? Und noch dazu schlechte Politik?

2) Sie schreiben, daß Seeckt »sich während des Kapp-Putsches bewährt hatte«. Ich muß Sie da leider enttäuschen. Es ist charakteristisch für ihn, daß er sich gerade beim Ausbruch des Kapp-Putsches – in diesem kritischen Moment!!! – Urlaub nahm. Als der Kapp-Putsch nach Ausrufung des Generalstreiks zusammenbrach und Kapp nach Schweden, General von Lüttwitz nach Ungarn floh, beendete Seeckt seinen Urlaub und übernahm wieder das Kommando über die Wehrmacht. Dieser hervorragende und hochkultivierte General wartete einfach ab, wer die Macht darstellte. Erst nach dem Kapp-Putsch sah Seeckt, daß die Putschisten kein politisches Programm hatten. Um »seine« Reichswehr zu retten, mußte er nun leider mit der Weimarer Republik – nur formell – zusammenarbeiten. Unzweifelhaft waren die Leute der Weimarer Republik für den kaiser- und kastentreuen Seeckt nur Parvenus. So enthielt auch sein erster Tagesbefehl am 7. Juli 1919 den Satz: »Die Form wechselt, der Geist bleibt der alte.« Aber im April 1932 riet er seiner Schwester brieflich, bei der Reichspräsidentenwahl für Hitler zu stimmen: »Ich rate Dir, Hitler zu wählen. Die Jugend hat recht, ich bin zu alt.« Die »wehrfreudige« Jugend – SA, SS, HJ etc. – waren für Seeckt keine Parvenus. Was hatte übrigens der »unpolitische« Seeckt am 11. Oktober 1931 auf der Ehrentribüne von Bad Harzburg zu suchen, als sich die Gehröcke und Zylinder der Wirtschaft mit Uniformen der SA und der Stahlhelm-Helfershelfer und Kapitulanten vor dem »Führer« trafen?

3) Sie erwähnen, lieber Herr Jünger, »als dann die Nationalsozialisten kamen und zwar legal, wurde gehofft, daß die Armee sich auflehnte«. Meinen Sie etwa den Röhm-Putsch, bei dem die Generale stillschweigend die Ermordung ihrer Kameraden Schleicher und Bredow hinnahmen? Damals hatte das Offizierskorps nicht das angebliche Alibi des Eides auf Hitler persönlich, worüber noch heute unsinnigerweise diskutiert wird. Ich sage bewußt »unsinnigerweise«, denn der Eid auf Hitler war sowieso für viele Generalfeldmarschälle und Generale nur Selbstbetrug, denn Rommel, Halder, Kluge, Brauchitsch etc. etc. wußten jahrelang von den Absichten des Oppositionellen. Wenn sie es aber <u>wußten</u>, daß eine Offiziersgruppe den Putsch gegen den Oberbefehlshaber vorbereitete, waren sie

dann nach der berühmten Eidesformel nicht zum Eingreifen verpflichtet, anstatt zu <u>schweigen</u> und <u>abwartend</u> zuzusehen? Sie schwiegen aber und taten nichts, marschierten weiter und wußten doch genau bescheid über die Tätigkeit der SS-Einsatzgruppen gegen Slawen, Juden und andere »Untermenschen«.

4) Sie erwähnen auch General von Fritsch. Man ist gewöhnt, die zu entlasten, die Hitler hinauswarf, wenn ich aber die Briefe von Fritsch an Baronin Margot Schutzbar-Milchling lese, finde ich nur einen reaktionären, antisemitischen General. Er schreibt noch einige Monate nach der sogenannten »Kristallnacht« (Hitler hatte ihn schon als Homosexuellen abgestempelt und wie einen Laufburschen behandelt) im Stil eines SS-Antisemiten.

5) Nur Ludwig Beck und Stauffenberg lernten umdenken. Der Mythos Beck wird jedoch auch um 1938/1939 von deutschen Historikern manipuliert. Becks Denkschriften 1938 bezeugen eindeutig, daß er nicht <u>gegen</u> den Überfall auf Polen war, nur zeigen sie, wie weitsichtig, klug und intelligent er den verlorenen Weltkrieg für Deutschland voraussah. Andere Generale dachten wie er, marschierten aber weiter. Sie brachten nie Becks Mut zur Abdankung auf.

Für mich sind Stauffenberg, Stieff und Tresckow die einzigen Militärs, die verstanden, auch während des Krieges im NS-Staat im »eidlosen Zustand« (nicht mein Begriff!) leben zu sollen und zu müssen.

Mein Gott, ich habe Angst, ich werde Ihnen alles schreiben, was ich weiß und das wird zu viel.
Herzliche Grüße von Haus zu Haus
stets Ihr
J Wulf

92   Jünger an Wulf, 17. Juli 1966

Lieber Herr Wulf,
Hoffentlich nehmen Sie mir es nicht übel, daß ich Herrn Fritsch an Sie verwiesen habe. Ich dachte in der Tat, Sie könnten etwas für ihn tun. Ganz so abwegig, wie Sie Herrn Fritsch schrieben, war diese Meinung nicht. Sie können solche Anliegen weit nachdrücklicher vertreten als etwa ich. Aber ich will's nicht wieder tun.

Briefe wie die von Herrn Fritsch gehören zu meiner Post; sie bringen, ebenso wie die mir zugesandten Bücher und Manuskripte, viel Arbeit und wenig Freude mit.

Auf meinem Tisch liegt auch Ihr Brief vom 24. Juni mit den Anmerkungen über die Generalität. Da habe ich ganz andere Wertungen. Ich bin freilich noch der altertümlichen Ansicht, daß ein General den Krieg zu gewinnen, nicht aber sich mit Kombinationen von Hoch- und Landesverrat zu beschäftigen hat, wie es heute zu den in Deutschland gängigen Meinungen gehört. Schon daraus ist ex negativo zu erkennen, wie außergewöhnlich die Lage eines deutschen Generals im Zweiten Weltkrieg gewesen sein muß. Sie war viel schwieriger als die eines amerikanischen, englischen, französischen, selbst eines russischen. Ich habe das aus der Nähe beobachtet und kann es beurteilen.

Belastendes Material läßt sich gegen jeden Berufsstand zusammentragen, einschließlich der Geistlichen – und zwar Material, das stimmt. Das war auch im »Klosterbrüderprozeß« der Fall.

Ich will damit nicht sagen, daß der Polemiker entbehrlich ist. Er ist es ebenso wenig wie der Anwalt beim Gericht. Mit der Dokumentation läßt sich wie mit der Statistik alles anfangen, auch mit der Photographie. Ich bin gespannt, ob und wie weit Ihre Arbeit darüber hinausführen wird.

Hier regnets; ich habe eben den Kachelofen angeheizt. Vor einem Monat war ich noch am Mittelmeer und möchte schon wieder dort sein. Ich bin wieder einmal mit der »Affaire« beschäftigt, über die immer noch Bücher herauskommen. Ein Musterbeispiel für eine Begegnung, bei der sich Macht, Recht und Politik abgrenzen.

Bitte grüßen Sie auch die Gattin von Ihrem

Ernst Jünger

93   Wulf an Jünger, 26. Juli 1966

Lieber Herr Jünger,

selbstverständlich wußte ich, wie Sie in Ihrem Brief vom 17. ds. Mts. schreiben, daß Sie ganz andere Wertungen hinsichtlich der Generalität haben als ich. Ebenso weiß ich, es gibt einen alten Standpunkt, daß ein »General den Krieg zu gewinnen« hat. Aber da gerade steckt das Eingeengte, Begrenzte, die Scheuklappen der deutschen Generalität Hitler gegenüber. Wahrscheinlich kennen Sie die 3 bzw. 4 Denkschriften General Ludwig Becks des Jahres 1938, die er der gesamten Generalität an führender Stelle vorlegte und über seine Thesen diskutierte. Beck analysiert den »Fall Weiß« (Überfall auf Polen). Es ist charakteristisch, daß er gar nicht gegen den Überfall an sich war, denn Polen war das Trauma der hohen Offiziere; schon Seeckt ließ Pläne gegen Polen ausarbeiten, aber er warnte in den Denkschriften die Generalität vor dem Angriff auf Polen mit der Begründung, daß es einen Weltkrieg bedeute und Weltkrieg – das bewies er klar und eindeutig – stelle für Deutschland wiederum einen verlorenen Krieg dar. Beck ging sogar soweit, die Generalität zum Rücktritt aufzufordern, was sie jedoch nicht tat. Nur Beck ist zurückgetreten. Das alles widerspricht Ihrer Bemerkung über die »altertümliche Ansicht, daß ein General den Krieg zu gewinnen« habe. Wie sollten sie den Krieg gewinnen, wenn sie nicht an den Sieg glaubten? Was soll man über eine Generalität denken beim Lesen des Stenogramms der Lagebesprechung

vom 13. Mai 1945 – Hitler war schon 13 Tage tot –, in der steht folgender Satz
General Jodls: »Seit Frühjahr 1942 wußte ich, daß wir den Krieg nicht gewinnen
konnten.« Andere führende Generale wußten es schon viel früher. Bei derselben
Lagebesprechung sagte Jodl – 6 Tage zuvor hatte er in Reims die bedingungslose
Kapitulation unterzeichnet –: »Ich will die alten Tugenden, insbesondere die
deutsche Generalstabsarbeit so wie sie früher üblich war, wieder einführen.«
Finden Sie es nicht reichlich spät, traditionsgemäß so als deutscher General zu
fungieren? General Halder sah schon wenige Monate nach dem Überfall auf die
Sowjetunion die Niederlage voraus und hielt das ausdrücklich in seinen Tage-
buchnotizen fest. Und in den Nachkriegsmemoiren deutscher Generalfeldmarschälle oder Generale erklären diese hervorragenden deutschen Offiziere, Hitler
sei ein blutiger Dilettant gewesen, verstand nichts vom Krieg etc. Seine Befehle
aber führten sie schweigend aus und nahmen auch die hohen Dotationen (von
200.000 bis 500.000 RM) von dem nichtberufenen, unkundigen Oberbefehlshaber an.

Wollen Sie, daß ich bei meinen Analysen und Recherchen in Kenntnis solcher
Sachlage der deutschen Generalität im Zweiten Weltkrieg Respekt entgegenbrin-
ge? Bei meinen Arbeiten bin ich kein Polemiker, kein Ankläger und kein Anwalt.
Ich habe die Tatsachen vor mir und nehme dazu Stellung, denn in den Dokumenten finden sich Beweise dafür, daß z. B. beim Überfall auf Polen – mit vollem
Wissen der Armeeführer – nach jeder einrückenden Armee SS-Liquidationstrup-
pen einmarschierten; es gab einen regelrechten Vertrag zwischen dem Gene-
ralquartiermeister General Eduard Wagner und dem Chef der Sicherheitspolizei
Reinhard Heydrich über die Tätigkeit der SS-Einsatzgruppen im Operationsgebiet
– unterzeichnet wenige Monate vor der Aggression auf die Sowjetunion. Solche
Dokumente habe ich vor mir. Das sind Tatsachen. Ohne polemisch zu sein, muß
man doch sachlich fragen, wo da die traditionellen militärischen Tugenden sind
und wie man bei solchen Zuständen nicht an Hoch- und Landesverrat denken
konnte. Selbstverständlich war es für die Armee eine Tragödie, solchen Hitler
zum Oberbefehlshaber zu haben, doch heute – 1966 – muß sich jeder Wehrmachtsangehörige darüber klar sein, daß jedes von der Wehrmacht eroberte Territorium, von SS, Sipo, SD, Gestapo verwaltet wurde. Wäre ich ein patriotischer
Deutscher, müßte ich doch aus diesen Erkenntnissen Schlüsse ziehen.

Nehmen Sie es mir nicht übel, lieber Herr Jünger, wenn ich finde, Sie tun mir
unrecht, indem Sie schreiben »belastendes Material läßt sich gegen jeden Berufsstand zusammentragen« oder »mit der Dokumentation läßt sich wie mit der
Statistik alles anfangen«. Mir ist jede Manipulation zuwider, aber genauso jedes
Verschweigen oder Beschönigen.

Sie wundern sich vielleicht, weshalb ich in den letzten Briefen so viel über
diese Probleme schreibe. Nun, ich kann einfach nicht verstehen, warum Sie bei
Ihrer intellektuellen Souveränität, trotz Herkunft, Erziehung und Tradition, die
Wahrheit nicht sehen und mich – in diesem Fall – zum Polemiker machen. Es

ist für mich einfach unverständlich, weshalb ich bei meiner Herkunft, Ghetto, Gestapo-Haft, Auschwitz, Widerstand etc. bei meinen Arbeiten oder Analysen verhindert sein sollte, diese Probleme ohne Beeinflussung oder Überschätzung zu erfassen.

Ich will hoffen, Sie verstehen mich richtig.

Mit herzlichen Grüßen von Haus zu Haus

stets Ihr J Wulf

94   *Jünger an Wulf, 14. August 1966*

Lieber Herr Wulf,

Zu Ihren Zeilen vom 26. Juli: Es liegt mir fern, Sie »zum Polemiker machen« zu wollen oder Ihnen überhaupt abträglich zu sein. Ich habe ja von Ihnen nur Gutes erfahren und weiß außerdem, daß Sie keinen Grund haben, hier Land und Leute wohlwollend anzusehen. Mir liegt im Gegenteil daran, daß Ihre Position haltbar bleibt, wenn Sie einmal nicht mehr grünes Licht haben.

Bitte grüßen Sie auch Frau Wulf von Ihrem

Ernst Jünger

PS. Sachlich kann man natürlich anderer Meinung sein und etwa bereits die Zerstückelung des deutschen Gebiets durch einen Korridor als Verbrechen ansehen. Der Meinung waren die von Ihnen gerügten Generale.

Schon Lloyd George erklärte gleich nach Versailles den Korridor als wahrscheinliche Ursache des Zweiten Weltkrieges.

Solche Zerstückelungen, an die sich langwierige Händel und Kriege anschließen, scheinen übrigens amerikanische Spezialität zu sein. Berlin, Korea, Vietnam bezeugen eine ahistorische, rein technisch ausgerichtete Geistigkeit.

95   *Wulf an Jünger, 21. August 1966*

Lieber Herr Jünger –

herzlichen Dank für Ihren Brief vom 14. d. M.

Ich weiss, dass Sie mich nicht »zum Polemiker machen« wollen – aber ich müsste, würde ich Sie nicht für einen sehr guten Freund halten, protestieren, wenn Sie im Zusammenhang mit meiner »Geschichte der Wehrmacht« schreiben, dass ich keinen Grund hätte »hier Land und Leute wohlwollend anzusehen«.

Gegen diese Meinung muss ich immer wieder kämpfen. Denn: meine historischen Dokumentationen und Analysen haben nichts, aber auch gar nichts mit meinem Auschwitz oder meiner ermordeten Familie zu tun. Ich schrieb Ihnen schon einmal, dass ich alles Mögliche tue, um objektiv zu sein, dass ich aber nicht neutral bin gegenüber den Problemen unserer tragischen Zeit. Ihr philosophisches Gehirn wird diese Differenzierung in Umfang und Substanz genau erfassen. Wir haben in dieser Zeit auch gar nicht das Recht, neutral zu sein – was aber Objektivität nicht ausschliesst.

Wenn ich »einmal nicht mehr grünes Licht haben werde«, werde ich aber wie ein engagierter <u>Mensch</u> weiter für bestimmte Wahrheiten kämpfen. Ausgeschlossen wäre natürlich vieles, wenn ich unter den Chinesen leben müsste. Denn da ist Kampf, kombattiv sein völlig sinnlos und Donquichotterie treibe ich nicht. Dann könnte ich nur – falls möglich – Rimbaud, Rilke oder Paul Válery lesen.

Bitte grüssen Sie auch Madame sehr, sehr herzlich und nehmen Sie herzliche Grüsse von meiner Frau und von Ihrem

J Wulf

P.S. Vom 2.–16.9.66 bin ich in Paris. Ich werde im STUDIO-Hotel, Paris 6, 4, Rue du Vieux-Colombier (Tel. LITTRE 31–81) wohnen. Sind Sie per Zufall auch dort?

96   *Jünger an Wulf, 26. August 1966*

Lieber Herr Wulf,

Alle Achtung, wenn Sie dessen fähig sind, was Sie im zweiten Absatz Ihres Briefes andeuten. Ich dürfte mir das nicht zumuten, wenn ich mir etwa vorstelle, daß mein Sohn nicht gefallen, sondern ermordet worden wäre, was sehr leicht möglich war.

Daß meine Meinung über die deutschen Generäle schwer zu erschüttern ist, vor allem, wenn ich sie mit dem vergleiche, was das Ausland zu bieten hat, schrieb ich bereits. Ich kenne sie nicht aus den Akten, sondern aus dem Umgang von Mensch zu Mensch.

Bei einer Aktensammlung ist auch das zu bedenken, daß während des Dritten Reiches Akten, die sich gegen das Regime richteten, kaum geführt wurden. Was es in einigen Panzerschränken gab, auch in dem meinen, wurde nach dem 20. Juli verbrannt. Schon diese Tatsache schafft für die Dokumentation eine beschränkende Auslese. Leider läßt sich daher auch nur in einer Richtung »dem Gedächtnis nachhelfen«.

Anfang September werde ich nicht in Paris sein. Ich war überhaupt, obwohl ich oft und dringend eingeladen wurde, seit Jahren nicht dort. Das ist umso bedauerlicher, als ich meiner Frau seit langem die Stadt zeigen will. Nun fahren wir wahrscheinlich in etlichen Wochen nach Angola.

Mit herzlichen Grüßen und Wünschen für Ihre Reise, auch Ihrer Gattin
Ihr Ernst Jünger

97   *Wulf an Jünger, 27. August 1966*

Lieber Herr Jünger –
herzlichen Dank für Ihren Brief vom 26. d. M.

Ob ich bei meinen Arbeiten objektiv sein kann, ist nicht nur ein Problem der Fähigkeiten, sondern zuerst der Pflicht. Sonst dürfte ich nichts über diese Jahre der Verachtung publizieren.

Ich will nicht Ihre Meinung über die deutschen Generale erschüttern. Zuerst respektiere ich jede (fundierte) Meinung und Überzeugung; zweitens wird ein deutscher General nicht deshalb entlastet, weil Generale anderer Nationen auch nicht in Ordnung waren oder sind.

Überhaupt muss man bei der Wehrmacht (und muss ich) eines unterscheiden: die Millionen Landser, die nolens volens Befehle ausführten, haben mit meiner »Geschichte der Wehrmacht« nichts zu tun; es geht dort (und mir) lediglich um das Offizierskorps, das meiner Meinung nach nicht 1945 vor den Alliierten kapituliert hat, sondern viel früher.

Die Generalität hat schon kapituliert, bevor sie in die Schlacht gezogen war: am 30. Juni 1934 (»Röhm-Putsch«), am 4. Februar 1938 (»Gleichschaltung« der Wehrmacht) und im September 1939 – denn Beck hatte gewarnt; er sah den Weltkrieg voraus.

Hitler siegte dreimal über die Generale – aber die bedingungslose Kapitulation deutscher Offiziere vor einem Usurpator und moralisch absolut negativ zu beurteilendem Menschen (nach der Schulung des deutschen Generalstabs durfte die Beurteilung nur so ausfallen – nimmt man Moltke, Scharnhorst und Gneisenau als die grossen Lehrer) fand statt am 22. Juni 1941, als die deutsche Generalität den Überfall auf die Sowjetunion mitmachte. Sicherlich: es gab eine Mehrheit, die dagegen war. Aber warum machte sie in diesem Moment mit, wo sie genau wusste, was dieser Krieg bedeuten würde?

Die SS-Einsatzgruppen waren bereits vorher erprobt. Der Vertrag zwischen Wagner und Heydrich war bekannt und es war auch den Generalen bekannt, dass es einen Kommissarbefehl gab.

Durften die, die nach langer Zeit berechtigte Zweifel an der militärischen Führungskunst Hitlers hatten, durften sie diesen Befehlen ihre Zustimmung erteilen, indem sie antraten zum Feldzug gegen die Sowjetunion?

Da ist für mich die menschliche, sittliche und militärische Kapitulation der deutschen Generale.

Beck hatte 1938 einen Weg gezeigt – wer ihn damals nicht mitgegangen war, musste ihn – so denke ich nach gründlichem Studium der offiziellen Dokumente, die viel mehr aussagen, als man ahnt – 1941 gehen. Die Hoffnung, dass »es doch noch gut gehen« würde, erfüllt doch wohl den Tatbestand der Mittäterschaft – womit ich nicht die Motive einiger am 20. Juli 1944 Beteiligter herabsetzen möchte. Es sind aber nur die Motive einiger, die ich anerkennen kann.

Ich wäre Ihnen dankbar, wenn Sie mir aus Angola einige Zeilen nach Paris schreiben würden. Dort bin ich vom 2.-16.9. – STUDIO-Hotel, 4, rue du Vieux Colombier, Paris 6ᵉ.

Mit herzlichen Grüssen von Haus zu Haus und den besten Wünschen für Ihre Reise
Ihr
J Wulf

98   *Wulf an Jünger, 12. Oktober 1966*

Lieber Herr Jünger,
heute komme ich mit einer Anfrage und bitte Sie, mir ganz offen zu antworten. Ich möchte nämlich am 5. Januar 1967 für etwa 8–10 Tage Urlaub machen, d.h. nicht den üblichen Urlaub, sondern ich will einfach einmal aus meinem Arbeitszimmer heraus, wo mich meine Recherchen und Studien mit viel Spannung fesseln. Ich denke da an Wilflingen oder einen ähnlichen Ort. Das Problem ist nur

1) ob Sie die erste Januarhälfte in Wilflingen sind, und wenn dem so ist, ob Sie meine Anwesenheit für 8–10 Tage akzeptabel finden; ferner, ob Sie nicht gerade in jener Zeit ausschließlich mit sich selbst beschäftigt sind. Nochmals, lieber Herr Jünger, beantworten Sie mir diesen Punkt aufrichtig, denn ich bringe jeder Antwort von Ihnen volles Verständnis entgegen.

2) Falls die Antwort zu 1) positiv ausfallen sollte, möchte ich mich mit »folgenden Fragen« an Ihre verehrte Gattin wenden:

a) Besteht in Wilflingen die Möglichkeit, in einer Privatwohnung für 2 Personen ein gutes, bequemes und preiswertes Quartier zu finden? Nach meinen Operationen vor ein paar Jahren ist für mich ausserordentlich wichtig, daß das Zimmer unbedingt sehr warm ist und daß ich meine bestimmte Diät halten kann.

Ich schreibe Ihnen, obwohl ich nicht weiß, ob Sie schon aus Angola zurück sind. Aber da es sich bei meinem Urlaub ja um den Januar 1967 handelt, hat die Antwort ja Zeit.

Herzliche Grüsse von Haus zu Haus
stets Ihr
J Wulf

99   *Jünger an Wulf, 7. Dezember 1966 (Luanda)*

Lieber Herr Wulf,
Herzliche Grüsse von Bord; wir rüsten nach dem langen Aufenthalt im Inneren
Angolas zur Rückreise. Es war eine schöne Zeit, fern dem deutschen Klima und
den deutschen Händeln, ohne Nachrichten, Post und elektrisches Licht. Hoffentlich sind Sie und die Gattin wohlauf. 1967 werde ich auch einmal nach Berlin
kommen. Auch meine Frau lässt grüssen.
Ihr Ernst Jünger

100   *Wulf an Jünger, 14. Dezember 1966*

Lieber Herr Jünger –
ich schrieb Ihnen am 12. Oktober einen Brief, in dem ich Ihnen einen evtl. Besuch in Ihrem Wilflingen ankündigte.
   Die Sache ist jetzt völlig hinfällig, da ich sehr viel Arbeit und Verpflichtungen
habe, die mich dazu zwingen, in Berlin zu bleiben. Ein ausgiebiges Gespräch mit
Ihnen wäre für mich sehr notwendig – aber vielleicht kommen wir doch mal
wieder dazu.
   Wie geht es Ihnen? Sie haben die Welt der Meditation gewählt – und sie versagt
niemals.
Herzlichst Ihr
J Wulf

101   *Jünger an Wulf, 19. Dezember 1966*

Lieber Herr Wulf,
Vor etlichen Tagen kamen wir glücklich aus Portugiesisch Angola zurück. Ich
habe dort viel gesehen und gelernt.
   Unter der Post waren auch Ihre beiden Briefe vom 12. Oktober und vom 14.
Dezember. Es ist schade, dass Sie Ihre Absicht, wieder einmal nach Oberschwa-
ben zu kommen, änderten. Vorsorglich will ich Ihnen jedoch mitteilen, dass für
verwöhnte und kälteempfindliche Besucher wie Sie Kleber-Post in Saulgau allein
den gewohnten Komfort bietet. Freunde, die etwas abgehärteter sind, pflege ich
im »Adler« zu Altheim unterzubringen, einem ländlichen Gasthaus in acht Kilo-
meter Entfernung von Wilflingen.
   Mit meinem Sohn Alexander, der Arzt in Berlin ist – er wohnt am Schlachten-
see – habe ich verabredet, dass ich ihn um Ostern herum besuche. Da wird sich

Gelegenheit finden, mit Ihnen den Weltlauf zu besprechen, der ziemlich düster ist.

In Angola habe ich recht einfach gelebt, ohne Post, Nachrichten, elektrisches Licht. Die nächsten Weissen waren weit entfernt.

Hoffentlich erhielten Sie den Gruss, den ich Ihnen von unterwegs geschickt habe.

Ihnen und Ihrer Gattin senden wir unsere herzlichen Wünsche für das Jahr 1967: Ernst Jünger

102   *Wulf an Jünger, 22. Januar 1967*

Lieber Herr Jünger –

allererst möchte ich Ihnen und Ihrer verehrten Gattin ein gesundes und ruhiges 1967 wünschen.

Diesen Satz wollte ich Ihnen schon längst mit einem »Danke schön« für Ihren Brief vom 19. Dezember 1966 schreiben. Verschiedene Widerwärtigkeiten haben es mit sich gebracht, dass ich Ihnen erst heute antworte – und zugleich eine Bitte anbringen möchte.

Ich schrieb Ihnen schon über meine Arbeiten im Zusammenhang mit der Reichswehr bzw. Wehrmacht, und ich schrieb Ihnen wohl auch, dass das eine Fernseh-Dokumentation (in drei Teilen) werden soll. Nun weiss ich schon aus einem Ihrer Briefe, dass Sie ungern vor der Kamera Rede und Antwort stehen – obwohl ich Sie dann doch im Fernsehen bei einem Gespräch in Ihrem Garten und in Ihrer Bibliothek gesehen habe.

Ich wäre Ihnen, lieber Herr Jünger, äusserst dankbar, wenn Sie mir für meine Fernseh-Dokumentation einige Fragen beantworten würden. Selbstverständlich würde die Kamera zu Ihnen ›kommen‹ und ich würde Sie um die Antwort auf 5–6 Fragen bitten: Reichswehr, Wehrmacht während der NS-Zeit und während des Krieges.

Meine grösste Bitte ist, dass Sie mir nicht sofort »Nein« antworten. Wir haben schon über dieses Thema einige Briefe gewechselt. Es geht hier nicht um Ihren oder meinen Standpunkt, sondern um Wahrheiten, die von heutiger Sicht die damalige Situation bzw. Zustände darlegen. Sie gehören auch zu den seltenen ehemaligen Offizieren in Deutschland, die klar und eindeutig in ihren Büchern geschrieben haben, dass sie schon damals über Judenvergasungen gewusst haben, dass man das Ghetto Warschau liquidierte und ausserdem waren Sie – wenn Sie der Ausdruck nicht stört – einer der Sprecher oder ›Ansprecher‹ der Frontgeneration während der Weimarer Republik.

Um diese Probleme geht es mir und ich hoffe, dass Sie sich jetzt meiner Bitte nicht verschliessen.

Meine Frau und mich hat Ihre Nachricht sehr erfreut, dass Sie um Ostern in Berlin sein werden. Ich denke noch oft an unsere Gespräche in Wilflingen und hoffe auf eine ausgiebige Fortsetzung.

Herzliche Grüsse von Haus zu Haus

stets Ihr

J Wulf

103   Jünger an Wulf, 25. Januar 1967

Lieber Herr Wulf,

Hoffentlich haben sich Ihre Widerwärtigkeiten inzwischen in Wohlgefallen aufgelöst. Gegen Fernsehen, passiv oder noch mehr aktiv, habe ich eine starke Aversion. Das ist leeres Stroh. Um den 29.3. herum hoffe ich in Berlin zu sein. Dann können wir uns unterhalten.

Herzlich Ihr Ernst Jünger

104   Wulf an Jünger, 2. März 1967

Lieber Herr Jünger –

ich weiss nicht, ob Sie so eine »Presseschau« nicht gleich in den Papierkorb werfen … Ich übersende sie Ihnen aber, weil dieses Institut mein Lebenswerk werden soll und weil es sich um wissenschaftliche Arbeit in einem Haus handelt, in dem am 20. Januar 1942 unter dem Vorsitz von Heydrich die Liquidation von 11 Millionen Juden beschlossen wurde. Geschichte verlangt Symbole – deshalb fasziniert mich dieses Haus für diesen Zweck so sehr.

Steht der Termin für Ihren Berlin-Besuch schon fest?

Ich darf doch damit rechnen, dass Sie mich benachrichtigen und dass wir uns auf jeden Fall sehen?

Mit den herzlichsten Grüssen von Haus zu Haus

stets Ihr

J Wulf

Anlage

105   *Jünger an Wulf, 8. März 1967*

Lieber Herr Wulf,
Endlich habe ich mich zur Reise entschlossen. Ich werde über Ostern, vom 25.
bis zum 30.3. bei meinem Sohn sein, Berlin 39, Ulricistr. 30, und hoffe, dass wir
einige Stunden zusammen sein können.
Bitte grüssen Sie auch Frau Wulf von Ihrem
Ernst Jünger

106   *Wulf an Jünger, 13. März 1967*

Lieber Herr Jünger,
herzlichen Dank für Ihre Karte vom 8. ds. Mts.
   Es freut mich sehr, daß Sie Ende März in Berlin sein werden und daß wir – wie
Sie schreiben – einige Stunden beisammen sein können.
   Ich befinde mich jetzt in einer geistigen Verfassung, in der mir ein ausgiebiges
Gespräch gerade mit Ihnen viel geben wird. So habe ich mir also die Tage 25.–30.
März einmal vornotiert. Hoffentlich kommt nichts dazwischen, was mich ausge-
rechnet in diesen Tagen zwingt, Berlin zu verlassen.
   Vom 15.–18. März bin ich in Paris, um dort in Archiven zu arbeiten. Mein
Sohn, ein großer Liebhaber Ihrer Schriften – er besitzt alle Ihre Werke –, wird
sicher auch auf Sie zu sprechen kommen.
Mit herzlichen Grüßen von Haus zu Haus
stets Ihr
J Wulf

Abb. 5 und 6: Jünger an Wulfs Schreibtisch im März 1967 in Berlin. An der Wand befindet sich in hebräischer Schrift ein Schild, das sich auf die Opfer des Holocaust bezieht: »Erinnere Dich an die 6 Millionen!!!«

Abb. 6

107   *Wulf an Jünger, 31. März 1967*

Lieber Herr Jünger –

Sie haben es wahrscheinlich bemerkt, wie tief bewegt wir waren, Sie bei uns zu haben und dann noch mit Ihren Kindern.

Anbei übersende ich Ihnen meine Fotos – »copyright Joseph Wulf«.

Bei dieser Gelegenheit möchte ich Ihnen eine Bitte vortragen, die Sie aber nur beachten sollen, wenn Sie empfinden, dass Sie es tun können und wollen. Man soll eigentlich wertvolle Bekanntschaften und Freundschaften nicht mit solchen Dingen beschweren – aber ich wage es doch.

Wir sprachen zufällig über Charles Orengo, und Sie erwähnten, dass Sie ihn kennen. Ich wäre Ihnen äusserst verbunden, wenn Sie bei ihm für mich sprechen könnten. Ihr Wort und Ihre Aufmerksamkeit zählt, da bin ich sicher.

Ich habe nämlich Charles Orengo mein Manuskript »Die Geschichte der SS« übergeben (er kann die Weltrechte dafür haben). Dieses Skript ist zwar nur erst ein Roh-Entwurf (es muss in vielen Punkten gestrafft werden, andere Kapitel müssen ausgearbeitet bzw. ergänzt werden, ganz zu schweigen von der notwendigen stilistischen Überarbeitung) – aber ich glaube doch, dass man erkennen kann, worum es mir geht: nach zahllosen mehr oder weniger ausführlichen »Geschichten« über die SS (teils bewusst, teils aus mangelnder Faktenkenntnis manipuliert und verworren) eine dokumentarisch belegbare richtige und in den Proportionen stimmende Geschichte der SS zu veröffentlichen.

Aus verschiedenen sehr wichtigen Gründen liegt mir daran, dass dieses Buch zuerst in Frankreich erscheinen soll und nicht in Deutschland. Das Manuskript ist das Ergebnis von langjähriger mühsamer Archiv-Arbeit und Sammeltätigkeit, und ich glaube, dass ich das Bild aus unzähligen Mosaiksteinchen (nach dem heutigen Stand der Forschung) jetzt geschlossen habe.

Mir liegt sehr viel daran, zu diesem Thema etwas sagen zu können – und deshalb erlaube ich mir meine Bitte an Sie, dass Sie Charles Orengo über mich schreiben. Seine Anschrift ist jetzt: c/o Editions Stock

6, rue Casimir Delavigne

Paris 6ᵉ

Und nochmals: reagieren Sie auf diese Bitte absolut nur dann, wenn Sie glauben, dass ihre Erfüllung mit Ihren Prinzipien nicht in völligem Widerspruch steht.

Mit herzlichen Grüssen von Haus zu Haus

(und Fräulein Böhme möchte sich gern anschliessen)

stets Ihr

J Wulf

108   *Jünger an Wulf, 9. April 1967*

Lieber Herr Wulf,
Besten Dank für die Lichtbilder, die gut geraten sind. Ich merkte am nächsten
Tage, daß ich Ihren guten Dingen zu eifrig zugesprochen hatte. Wenn Sie nichts
gemerkt haben, darf man Ihnen zu Ihrer Konstitution gratulieren.
   Ihre Bemerkung über die Polyvalenz der Kreuzzüge gehört übrigens zu denen,
an die man nach allen Seiten ansetzen kann. In tausendundeiner Nacht heißt es
von solchen Sätzen, daß sie verdienten »mit ener Nadel ins Weiße der Augen
eingestochen zu werden«. Ich las neulich türkische Berichte über die Belagerung
von Wien – da wird die Einseitigkeit schon wieder zum Erlebnis, als ob man auf
einem fremden Stern landete.
   Sie baten mich um ein Bild der Wilflinger Geburtstagsfeier, von der Sie gehört
haben. Anbei deren zwei – ad usum proprium!
   Bitte senden Sie mir noch einmal die derzeitige Anschrift von Orengo; ich muß
sie verlegt haben. Ich will dann gleich bei ihm anfragen.
Bitte grüßen Sie auch die Gattin von Ihrem
Ernst Jünger

109   *Wulf an Jünger, 15. April 1967*

Lieber Jünger –
herzlichen Dank für Ihren liebenswürdigen Brief vom 9. ds. Mts. und ganz besonders für die beiden Aufnahmen.
Ich antworte Ihnen erst heute – und auch nur kurz – weil ich todmüde von einer Reise nach Amsterdam und Köln zurückgekommen bin. Eigentlich sollte ich
heute schon in Warschau sein – aber das Visum wurde nicht genehmigt …
   Von Orengo habe ich leider keine private Anschrift, nur die des Verlags:
          Charles Orengo
          Editions Stock
          6, rue Casimir Delavigne
          <u>Paris 6 ème</u>
Ich bin Ihnen aufrichtig verbunden für Ihre Absicht, sich bei ihm für mich zu
verwenden.
Ohne mehr für heute – mit den besten Grüssen und Wünschen von Haus zu
Haus
Ihr J Wulf

110   Jünger an Wulf, 11. Mai 1967

Lieber Herr Wulf,
Anliegendes Telegramm erhielt ich von Msr. Orengo, der anscheinend auf Reisen
war. Bitte gelegentlich zurück.
Mit herzlichem Pfingstgruß Ihr
Ernst Jünger

111   Jünger an Wulf, 20. Juli 1967

Lieber Herr Wulf,
Orengo schreibt mir, dass er mit Vergnügen einen Vertrag über Ihr Buch mit
Ihnen geschlossen hat. Er sandte mir deswegen bereits vor einiger Zeit ein Tele-
gramm. Von Ihnen habe ich lange nichts gehört. Hoffentlich sind Sie wohlauf.
Ihr Ernst Jünger

112   Wulf an Jünger, 21. Juli 1967

Lieber Herr Jünger –
herzlichen Dank für Ihre schöne Karte vom 20. d. M.
    Ich muss mich sehr entschuldigen, dass ich Ihnen nicht schon lange das Te-
legramm von Orengo zurückgeschickt habe, das Sie mir mit Ihrem Brief vom
11.5.67 zusandten.
    Während meines letzten Aufenthaltes in Paris (ich war dort als Delegierter zur
Generalversammlung des Comité International des Camps – ehemalige KZler,
Widerständler und Historiker –) habe ich mit dem Verlag Fayard einen Vertrag
über meine »Geschichte der Organisation der SS« unterzeichnet. Mit Monsieur
Charles Orengo habe ich zuerst alle Einzelheiten bei einem wunderbaren Mittag-
essen in einem Restaurant am Place d'Odeon besprochen und am nächsten Tag
den Vertrag unterschrieben.
    Sie schreiben mit Recht, dass Sie lange nichts von mir gehört haben. Ich bin
etwa 2 Monate nicht ganz ›fit‹ gewesen. Dieser Zustand hat aber nicht so sehr
psychische oder physische Ursachen, sondern eher geistige. Es ist nach meinen
Begriffen und nach meinem Bewusstsein ein Zusammenprall von dem Drang
nach engagierter zeithistorischer Arbeit und dem Verlangen nach Meditation. Da
letzteres in meiner schriftstellerischen Arbeit einfach vernachlässigt wird, tritt
eine quälende schöpferische Stagnation ein.

Nun wissen Sie von mir vieles – vielleicht zuviel.
Herzliche Grüsse von Haus zu Haus
stets Ihr
J Wulf

113   *Jünger an Wulf, 24. Juli 1967*

Lieber Herr Wulf,
Wer kennt keine Flaute? Kein Grund zur Beunruhigung. »Morgen kommt Sonne
vielleicht«. Der aktive und der meditative Mensch stehen nicht nur in Ihnen im
ständigen Konflikt.
Gute Wünsche Ihr
Ernst Jünger

Ihr Bericht hat gastronomische Erinnerungen in mir geweckt.
PS. Am Odéon waren Sie sicher im Méditerranné [sic!]. Dort schrieb ich einmal
ins Gästebuch: »La Méditerranée au bord de la Méditerranée ce serait le Paradis.«

114   *Wulf an Jünger, 4. September 1967*

Herzliche Grüsse aus Jerusalem
J. u J. WULF

115   *Jünger an Wulf, 25. November 1967*

Lieber Herr Wulf,
Ehe ich für etliche Tage nach Paris fahre, möchte ich den Empfang Ihres Briefes
an Dr. Hagen bestätigen. Die Angelegenheit kommt mir rätselhaft vor und ich
würde gern hören, was Dr. Hagen auf die Anschuldigung zu erwidern hat. Ich
freue mich, die Ville lumière und meine alten und neuen Bekannten darin wiederzusehen. Grüssen Sie die Gattin.
Herzlich Ihr Ernst Jünger

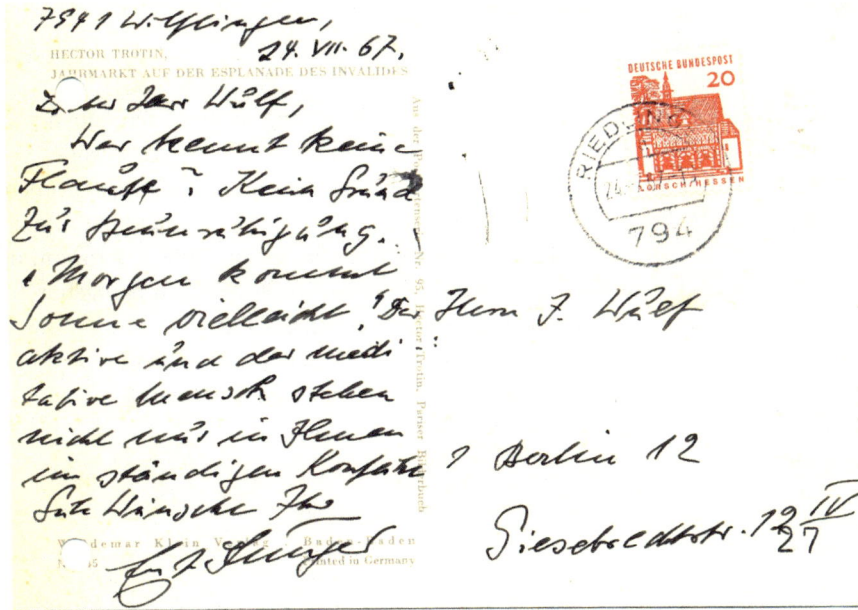

Abb. 7: Kunstpostkarte »Jahrmarkt auf der Esplanade Des Invalides«
von Hector Trotin

116   *Jünger an Wulf, 2. Dezember 1967*

Lieber Herr Wulf,
Lange hatte ich nichts von Ihnen gehört, doch nun auf so erfreuliche Art. Ich
gratuliere! Herzliche Grüsse à toute la famille.
Ihr Ernst Jünger

117   *Wulf an Jünger, 30. Mai 1968*

Lieber Herr Jünger,
Sie schweigen so lange?
Wie geht es Ihnen?
Herzliche Grüsse von Haus zu Haus
stets Ihr J Wulf

118   *Jünger an Wulf, 6. Juni 1968*

Lieber Herr Wulf,
Dank für Ihre Anfrage. Wir waren ein Vierteljahr lang in Rom und haben vor
allem Kirchen, Gräber, Bauwerke gesehen. Zu Pfingsten kehrten wir zurück.
    Persönlich darf ich zufrieden sein – sowohl was die Gesundheit, als, was noch
wichtiger ist, die Produktivität betrifft. Betrüblich bleibt der Zustand der öffentlichen Dinge, der ein volles Behagen nicht aufkommen läßt. Diese Verstimmung
besteht, seitdem ich denken kann. Wir sind in eine große Wende hineingeboren,
und die Disharmonie wird viel länger dauern als unsere kurze Zeit.
    Vielleicht bin ich heute besonders depressiv; die Nachricht von der Ermordung
Robert Kennedys traf mich beim Frühstück wie ein brutaler Überfall.
Hoffentlich sind Sie und die Gattin wohlauf. Herzlich Ihr
Ernst Jünger

119   *Wulf an Jünger, 10. Juni 1968 (Jerusalem)*

Lieber Herr Jünger,
Herzliche Grüsse für Sie und e. Handkuss für Madame.
stets Ihr
J. WULF

P.S. Ich verbleibe hier bis zum 20. d. M. Ich fahre via Paris nach Berlin.

120   *Wulf an Jünger, 18. Juli 1968*

Lieber Herr Jünger,
Anbei übersende ich Ihnen die Seite von der Zeit, wo ich in den »Leserbriefen«
zu Ihrer Person Stellung nehme. Ich glaube, es wird Sie interessieren.
    Wie geht es Ihnen?
    Bei uns befindet sich jetzt ein hoher Gast und nämlich meine Enkelin aus Paris
und wir haben viel, viel Spass. Sie spricht französisch und englisch (ihre Mutter
ist aus New York).
    Es wäre gut, Sie mal zu sehen und zu sprechen.
Mit den herzlichsten Grüssen von Haus zu Haus
stets Ihr
J Wulf

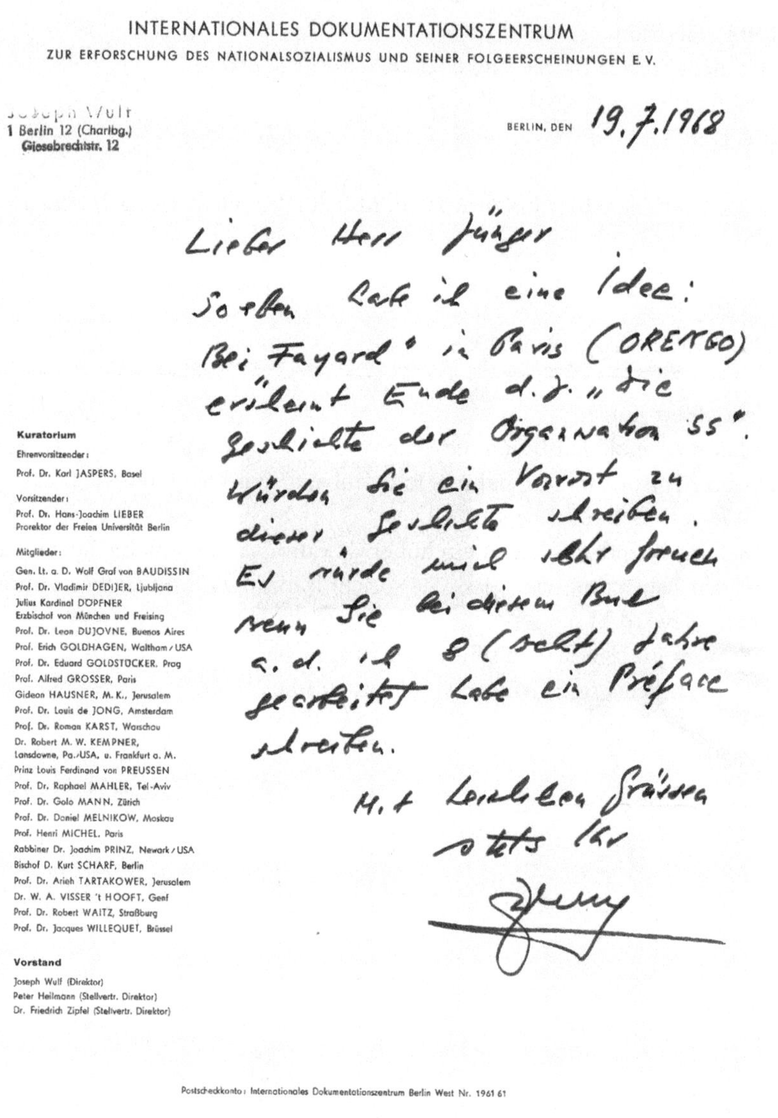

INTERNATIONALES DOKUMENTATIONSZENTRUM
ZUR ERFORSCHUNG DES NATIONALSOZIALISMUS UND SEINER FOLGEERSCHEINUNGEN E. V.

Joseph Wulf
1 Berlin 12 (Charlbg.)
Giesebrechtstr. 12

BERLIN, DEN 19.7.1968

[handschriftlicher Brief]

Lieber Herr Jünger

Soeben habe ich eine Idee:

Bei Fayard in Paris (ORENGO) erscheint Ende d. J. „die Geschichte der Organisation SS". Würden Sie ein Vorwort zu diesem Geschichte schreiben. Es würde mich sehr freuen wenn Sie bei diesem Buch a. d. ich 8 (acht) Jahre gearbeitet habe ein Préface schreiben.

M. + herzlichen Grüssen
stets Ihr

[Unterschrift]

Abb. 8: Hs. Brief von Wulf an Jünger vom 19. Juli 1968 auf dem Briefpapier des Dokumentationszentrums

121　*Wulf an Jünger, 19. Juli 1968*

Lieber Herr Jünger,
Soeben habe ich eine Idee: Bei »Fayard« in Paris (ORENGO) erscheint Ende
d. J. »Die Geschichte der Organisation SS«. Würden Sie ein Vorwort zu dieser
Geschichte schreiben? Es würde mich sehr freuen, wenn Sie bei diesem Buch
a. d. ich 8 (acht) Jahre gearbeitet habe, ein Préface schreiben.
Mit herzlichen Grüssen
stets Ihr
J Wulf

122　*Jünger an Wulf, 22. Juli 1968*

Lieber Herr Wulf,
Sie haben wieder eine Lanze für mich gebrochen, herzlichen Dank. Der Anlaß
war mir nicht zur Kenntnis gekommen; ich lese wenig Zeitungen.
　　Was den Vorschlag betrifft, Ihr nächstes Buch zu bevorworten – so lege ich
Ihnen einen Briefwechsel bei, den ich kürzlich mit der Zeitschrift »Der Spiegel«
geführt habe. Die Gründe, aus denen ich dort absagen mußte, gelten auch hier.
Sie haben acht Jahre an dem Thema gearbeitet; ich nehme an, daß Sie eine sorg-
fältige Dokumentation bringen. Falls Sie überhaupt ein fremdes Vorwort brauchen, wäre es gut, wenn Sie einen Historiker zuzögen, der sich gründlich mit
dem Stoff beschäftigte. Wie ich sehe, ist Golo Mann in Ihrem Kuratorium.
　　Bitte grüßen Sie Frau Wulf von mir. Hoffentlich sind Sie Beide wohlauf. Ich
stehe auf dem Sprung nach Island, einer der Inseln, die ich noch nicht besucht
habe.
Mit guten Wünschen Ihr
Ernst Jünger

123　*Wulf an Jünger, Dezember 1968*

Frohes Fest.
Ein gesundes und erfolgreiches
1969
J. u. J. WULF

124   *Jünger an Wulf, 23. Dezember 1968*

Lieber Herr Wulf,
Herzlichen Dank für Ihre guten Wünsche. Auch Ihnen, Ihrer Gattin und Ihrer
Hilfe viel Gutes für das Neue Jahr!
   Hoffentlich wird es erfreulicher als das vergangene.
Herzlich Ihr
Ernst Jünger

[Auf der Bildseite:]
PS. Als »homme de la Méditerranée« hoffe ich auf einige schöne Wochen am
Mittelmeer.

125   *Wulf an Jünger, 28. Dezember 1968*

Lieber Herr Jünger,
über Ihre Karte vom 23. Dezember habe ich mich sehr gefreut. Wir haben schon
seit langem einander keine ausführlichen Briefe mehr geschrieben.
   Bei Orengo im Fayard-Verlag erscheint 1969 meine Geschichte der SS; jetzt
schreibe ich die Geschichte der Wehrmacht. Außerdem trage ich mich mit dem
Plan, ein Handbuch des Nationalsozialismus zu machen. Aber das bitte nieman-
dem sagen, damit mir keine blöden Konkurrenten das Thema klauen.
   Es würde mich sehr freuen, wenn Sie mir von Ihrer Arbeit schreiben würden.
Herzliche Grüße von Haus zu Haus
stets Ihr
J Wulf

126   *Jünger an Wulf, 11. September 1969*

Lieber Herr Wulf,
Dank für Ihr Lebenszeichen. Es ist recht, dass Sie sich zu dieser Zeit dort umse-
hen. Als ich an der Klagemauer stand, gehörte sie noch zum Jordanischen Teil.
Alexander hat jetzt eine internistische Praxis in Berlin.
Grüssen Sie auch die Gattin
Ihr Ernst Jünger

127   *Wulf an Jünger, 20. Dezember 1969*

Frohes Fest
Ein gesundes, glückliches
und erfolgreiches 1970
J. u. J. WULF

128   *Jünger an Wulf, 5. Februar 1970*

Lieber Herr Wulf,
Gratulor: die wohlverdiente Ehrung hat mich gefreut.
   Hoffentlich sind Sie auch sonst wohlauf und zufrieden, und haben auch die
Grippe gut überstanden oder garnicht erst kennen gelernt. Mein Sohn, den Sie
ja auch kennen, hat sich seit kurzem in Berlin als Internist niedergelassen und,
wie er mir schrieb, gleich hundert Patienten gehabt. Die Grippe ist also doch zu
etwas gut. Wenn ich ihn wieder einmal besuche, rufe ich Sie an.
Bitte grüssen Sie auch die Gattin vom Ihrem
Ernst Jünger

129   *Wulf an Jünger, 28. März 1970*

Beste Glückwünsche übersenden
Jenta und Joseph Wulf

130   *Jünger an Wulf, Pfingstsonntag 1970*

Der Zeit und ihrer Vielgestaltigkeit beginnt sich ein Blick zuzuwenden, der nicht
nur hinter, sondern auch in den Masken die Substanz errät. Das Aufkeimen der
Kulturmorphologie zu Beginn des Jahrhunderts weist darauf hin. Dieses Abhe-
ben Schicht um Schicht, von denen jede fasziniert und doch im letzten nicht
befriedigt, als ob man unter dem Schutt stets von neuem zerstörter Städte das
Troja des Dichters suchte, ist eines unserer großen Erlebnisse.
   Verfeinerungen des Materialismus mußten dem vorangehen. Nicht jeder wird
fündig, der hier Leben sucht. Der Sarkophag mit seinen Hüllen aus Stein, Holz,

Metallen birgt auch nur eine Mumie. Doch daß da mehr ist, kündet der Skarabäus an. Wenn er die Flügel regt, wird alles lebendig bis in den härtesten Stein.

Aus »Annäherungen«, deren Manuskript ich heute abgeschlossen habe.

Mit herzlichem Dank für all die guten Wünsche und Gaben zum 29. März 1970
Ernst Jünger

[Hs. Zusatz von Ernst Jünger:]
Hoffentlich sind Sie Beide wohlauf! Wenn ich Alexander im Sommer besuche, melde ich mich einmal an.

131   *Wulf an Jünger, 17. August 1970*

Lieber Herr Jünger,
mit gleicher Post übersende ich Ihnen meine Geschichte der SS (»L'industrie de l'horreur«), die bei Ihrem Freund Orengo in Paris erschienen ist. Es würde mich freuen, wenn Sie das Buch lesen würden und mir darüber schreiben.
    Sie wollten doch im Sommer nach Berlin kommen? Ich würde mich sehr freuen, Sie zu sehen und zu sprechen.
Herzliche Grüsse von Haus zu Haus
stets Ihr
J Wulf

[Hs. Zusatz von Ernst Jünger:]
geantw. 20.8.70
nach dem Schicksal von Best erkundigt.
EJ

132   *Jünger an Wulf, 20. August 1970*

Lieber Herr Wulf,
Ihrem Buch sehe ich entgegen. Nach Berlin komme ich im Herbst. Was liegt eigentlich gegen Best vor? Ich habe ihn als Gegenspieler von Heydrich in Erinnerung. In Jerusalem habe ich einen Leserkreis; ein Autor namens Schade steht ihm vor.
Herzlich Ernst Jünger

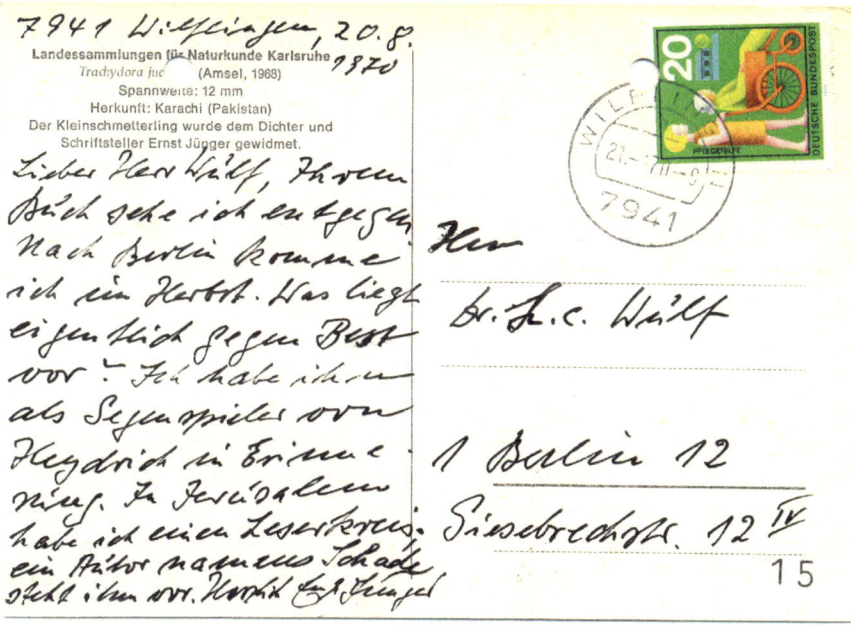

Abb. 9: Kunstpostkarte »Kleinschmetterling Trachydora juengeri«

133   *Jünger an Wulf, 6. September 1970*

Lieber Herr Wulf,

Es wird Zeit, daß ich Ihnen für die Zusendung von »L'Industrie de l'horreur« meinen Dank sage. »Exemplaire Nr. 6389« – alle Achtung!

Da kein Übersetzer genannt ist, nehme ich an, daß Sie selbst den französischen Text besorgt haben. Die Fakten waren mir zum großen Teil schon bekannt – allerdings hatte ich von mancher absonderlichen Type wie dem Opernsänger Woldemar Klingelhöfer (p. 192) noch nicht gehört.

Überrascht hat mich die bibliophile Ausstattung. Dazu die enthüllte Schinderhütte – es steht zu befürchten, daß manche zu dem Buch greifen wie andere zu den »Cent-vingt Jours de Sodome« von Sade. Hebbel in seiner »Judith« --- »Habt Ihr neue Greuel von Holofernes gehört?«

Bitte grüßen Sie auch die Gattin

Von Ihrem

Ernst Jünger

134   *Wulf an Jünger, 25. September 1970*

Lieber Herr Jünger,

herzlichen Dank für Ihre wunderschöne Schmetterlings-Karte, die Ihnen gewidmet ist und für Ihren Brief vom 6. September. In Ihrem Brief ist Ihnen ein Irrtum unterlaufen – das SS-Manuskript wurde nicht von mir, sondern von Pierre Noyer übersetzt.

Auf Ihrer Karte fragten Sie mich, »was eigentlich gegen Dr. Werner Best« vorliegt. Wenn Sie Zeit gefunden haben, ein wenig in meinem SS-Buch zu blättern, werden Sie einiges über ihn erfahren haben.

Für Sie von der Abwehr war Dr. Best ein Gegenspieler Heydrichs – es ist wahr (ich habe die ganze Best-Akte bei mir), er fühlte sich von Heydrich schlecht behandelt und klagt darüber sehr in seinen handschriftlichen Briefen an Heydrich.

Für mich als Historiker ist Best jedoch zuerst Abteilungsleiter im Reichssicherheitshauptamt und bei Beginn des Zweiten Weltkrieges ausdrücklich bevollmächtigter Stellvertreter von Heydrich als Chef des Reichssicherheitshauptamtes. In dieser Eigenschaft ist er direkt für die Ermordung von Tausenden Juden und Polen durch die der Wehrmacht auf dem Fusse folgenden SS-Einsatzgruppen – »Aktion Tannenberg« – verantwortlich.

Mit diesen ›Sachen‹ – Ihre Karte ist der beste Beweis dafür – hat sich die Abwehr der Wehrmacht wenig beschäftigt (Canaris wusste allerdings davon).

Es freut mich, dass Sie einen Leserkreis in Israel haben. Wer ist der von Ihnen genannte Autor Schade – ich kenne ihn leider nicht.

Einen Handkuss für Madame. Meine Frau und ich grüssen Sie beide sehr herzlich stets Ihr

J Wulf

135 *Jünger an Wulf, 29. September 1970*

Lieber Herr Wulf,

Die Nachrichten über Werner Best haben mich betrübt. Horst Schade, nach dem Sie fragen, wohnt im Jussuf Kassim-House, Jerusalem-Givat Ram. Er ist Autor eines Buches mit dem Titel »Ein Engel war mit mir« – Aufzeichnungen aus Theresienstadt, aber wohl aus zweiter Hand.

In der letzten Sonntagsbeilage der FAZ stand ein Vorabdruck »Besuch bei Gottfried Benn«. Darin habe ich Sie und Ihre Aktensammlung zitiert. Ich tue das allerdings nur, wenn ich den Anmerkungen eine positive Wendung geben kann.

Die Einladung in die Negew-Wüste ging nicht von Horst Schade, sondern von einem Herrn Buxbaum aus.

Bitte grüßen Sie die Gattin von mir.

Ihr

Ernst Jünger

136 *Wulf an Jünger, Dezember 1970*

Frohes Fest.

Ein gesundes und glückliches 1971.

J. u. J. Wulf

137 *Jünger an Wulf, 18. Dezember 1970*

Liebe Wulfs,
Dank für Ihre Wünsche! Auch Ihnen viel Gutes für 1971. Die Aspekte sind nicht besonders. Im März besuche ich wahrscheinlich in Berlin Alexander, der jetzt als Internist praktiziert.
Herzlich Ihr Ernst Jünger

138 *Jünger an Wulf, 4. April 1971*

Lieber Herr Wulf,
um den 9.4. herum werde ich in Berlin sein (Dr. Alexander Jünger, Berlin 19, Lötzener Allee 18, Tel. 3026 108)
Hoffentlich findet sich eine Gelegenheit, Sie dann zu sehen.
Herzlich Ihr Ernst Jünger

139 *Wulf an Jünger, 10. Mai 1971*

Lieber Herr Jünger,
anbei übersende ich Ihnen die SS-Akte von Dr. Peter des Coudres. Wie wir schon besprochen haben, bleibt die Sache des Coudres unter uns.
   Anbei noch ein Foto (das beste von allen).
   Es hat uns sehr gefreut, dass Sie sich in Berlin die Zeit genommen haben und dass wir ein wenig plaudern konnten.
   Meine Frau und ich grüssen Sie herzlich.
Ein Handkuss für Madame Jünger
stets Ihr
J Wulf

140   *Wulf an Jünger, 8. Juni 1971*

Lieber Herr Jünger,
herzlichen Dank für die Übersendung der Broschüre anlässlich der Verleihung
der Freiherr-vom-Stein-Medaille.

Das Foto und die Fotokopien betr. des Coudres haben Sie sicherlich erhalten.

Eine kurze Anfrage: haben Sie Lust bzw. Zeit, ein Manuskript von mir zu lesen?
Es hat nur 129 Maschinenschriftseiten.

Soeben habe ich im letzten »Spiegel« die Story vom Buchfestival in Nizza gelesen, an dem Sie teilgenommen haben. Eine exklusive Gesellschaft.

Warum finden Sie es komisch, wenn man Sie nach Ihrer Kriegszeit in Paris
fragt?

Noch eine Frage: Können Sie mir in einigen Sätzen definieren, was für Sie
persönlich Moral bedeutet?
Herzlichst – stets Ihr
J Wulf

141   *Jünger an Wulf, 10. Juni 1971*

Lieber Herr Wulf,
Zwischen zwei Reisen kurz zu Haus, will ich Ihnen doch den Empfang Ihrer
Nachricht vom 8. Juni bestätigen.

Die darin erwähnte Akte habe ich mit Dank erhalten und in meinem Archiv
sekretiert. Desgleichen erhielt ich von anderer Seite den Gerichtsbeschluß in Sachen Best.

Zum Lesen komme ich jetzt leider garnicht – selbst Korrekturen meiner für
den Herbst vorgesehenen Edition häufen sich an. Ich hatte mir das Alter anders
vorgestellt.

Moral ist eher eine Frage des Handelns als des Redens und Nachdenkens. Im
Buch Hiob ist manches darüber gesagt. Noch nie wurde in einer Zeit soviel von
Moral geredet und so brutal gehandelt wie in der unseren.

Wenn ich die Zeitung öffne, wird mir übel. So heute: »Verhandlungen über
Erleichterungen in der Berlinfrage«. Jedes Wort skandalös.
Mit guten Wünschen, und der Bitte, mich Frau Wulf zu empfehlen,
Ihr Ernst Jünger

142   *Wulf an Jünger, Dezember 1971*

Frohes Fest.
Ein gesundes und glückliches 1972
J. u. J. Wulf

143   *Wulf an Jünger, 31. Oktober 1973*

Lieber Herr Jünger,
meine Frau ist Ende August gestorben. Es war Krebs.

Sie hat sehr interessiert Ihre Tagebücher gelesen und mich auf zwei Stellen aufmerksam gemacht, die ich in die Einleitung zu meinem Buch »Literatur und Dichtung im Dritten Reich« eingefügt habe.

Wir haben oft über unseren Besuch bei Ihnen in Wilflingen gesprochen. Ich erinnere mich noch, als Sie meiner Frau die »Bäume« widmeten, mussten Sie dreimal nach ihrem Vornamen – Jenta – fragen. Schliesslich habe ich ihn buchstabiert. So fremd war Ihnen so ein Frauen-Vorname.

Sie werden es richtig verstehen: meine Frau war ganz und ganz von Ihrer verehrten Gattin begeistert.
Mit freundlichen Grüssen
Ihr
J Wulf

[Hs. Zusatz von Ernst Jünger:]
Kond.
14.XI.73
Besuch versprochen.
EJ

144   *Jünger an Wulf, 14. November 1973*

Lieber Herr Wulf,
Ihre Nachricht traf mich ganz unerwartet; der schwere Verlust, den Sie durch den Heimgang Ihrer lieben Frau erlitten haben, betrübt mich sehr.

Ich glaube, daß ich die innere Kraft und Güte von Frau Jenta, wenn nicht erkannt, so doch gefühlt habe. Dazu bedurfte es keiner Worte; die Aura hat genügt.

Gern wüßte ich mehr über die letzte Zeit, die Sie ohne Zweifel mit viel Betrübnis zusammen verlebt haben --- und auch über Ihr weiteres Ergehen. Ende des

Monats komme ich nach Berlin und hoffe, Sie dann zu sehen. Jedenfalls werde ich anrufen.

Meine Frau läßt grüßen. Auch sie ist betrübt.

Herzlich Ihr

Ernst Jünger

145   *Wulf an Jünger, 17. November 1973*

Lieber Herr Jünger,

in dem letzten Passus Ihres Briefes vom 14.11. schreiben Sie mir, Sie würden gerne mehr über die letzte Zeit, die ich zusammen mit meiner Frau verlebt habe, wissen. Gerade Ihnen möchte ich darüber einige Zeilen schreiben, aber nur einige Zeilen, obwohl – ich schrieb es schon an einen Freund von mir – ich in diesem Zusammenhang einfach Angst vor Worten habe. Ich zittere, ich werde ein Wort zuviel oder ein Wort zu wenig schreiben.

Meine Frau war 7 Monate im Krankenhaus. Ich war jeden Tag sowohl vormittags wie nachmittags bei ihr. Solange es ging und wenn sie nicht von den dauernden Spritzen benommen war, haben wir sehr viel und intensiv gesprochen. Unser Hauptthema waren unsere 42 gemeinsamen Jahre, das Hauptthema meiner Frau war ich. In Stichworten sind mir die Gespräche der letzten 3 Monate als Notizen geblieben. Mehr ist mir einfach unmöglich zu schreiben.

Sie schreiben, Sie kommen nach Berlin. Ich würde mich <u>sehr</u> freuen, Sie zu sehen und zu sprechen.

Herzliche Grüsse an Ihre verehrte Gattin und an Sie.

Ihr

J Wulf

146   *Wulf an Jünger, 24. Juni 1974*

Lieber Herr Jünger,

erlauben Sie, dass ich Ihnen einiges über mich schreibe.

Im Januar des Jahres war ein Zusammenbruch, und ich lag 4 Wochen im Krankenhaus; im April d. J. kam ein zweiter – schwerer – Zusammenbruch und ich lag wieder 4 Wochen im Krankenhaus. Ich fuhr dann in ein Sanatorium, das <u>im</u> Schwarzwald selbst liegt. Dort war ich drei Wochen, und nun bin ich wieder <u>fit und arbeitsfähig</u>.

Und das Wichtigste ist der Entschluss, gefasst in der Wald-Einsamkeit: so lange ich lebe, lebt auch meine Frau; und deshalb möchte ich lange leben; und wenn ich lebe, muss es meine grösste Sorge sein, gesund zu sein. Anderes wäre Nonsens und Idiotie.

Am 8. September d. J. überführe ich meine Frau nach Israel. <u>Dort</u> wird sie ihre ewige Ruhe finden.

Wie geht es Ihnen und Ihrer verehrten Gattin? Das ist keine rhetorische Frage, ich möchte <u>ehrlich wissen</u>, wie es Ihnen geht.

Mit herzlichen Grüssen
stets Ihr
J Wulf

[Hs. Zusatz von Ernst Jünger:]
V. b. 29.VI.74
mit DM 50:
Rosen für Frau Jenta
EJ

147   *Jünger an Wulf, 29. Juni 1974*

Lieber Herr Wulf,
Dank für Ihren Gruß. Ich hatte mir nach meinem Besuch bei Ihnen um Sie Sorgen gemacht und sehe nun, daß sie berechtigt waren. Nun sind Sie gottlob wieder wohlauf.

Bitte grüßen Sie Frau Jenta von mir mit einem Rosenstrauß. Er muß <u>ganz</u> von mir kommen, daher verübeln Sie mir bitte nicht, daß ich den Obolos dafür beilege.

Herzlich und mit guten Wünschen Ihr
Ernst Jünger

PS. In Israel habe ich einige Korrespondenten, darunter zwei, die oft von sich hören lassen. Sollten Sie ihnen zufällig begegnen, so bitte ich um einen Gruß.

Horst Schade / Jerusalem / Givath Ram / Jussuf Kassim House
Dr. V. Grünwald / Notar / Tel-Aviv, POB 8
EJ

148   *Wulf an Jünger, 3. Juli 1974*

Lieber, sehr lieber Herr Jünger,
ich bekam Ihren Brief vom 29. Juni 1974.

Leider kann ich den Rosenstrauss für meine Jenta nicht bestellen. Sie haben zwar die Erinnerungen von Salomon Maimon aufmerksam gelesen, aber wissen nicht (woher auch?), dass bei uns polnischen Juden keine Blumen an den Grabstein gelegt wurden.

Ich habe mit allen meinen Freunden und meinem Sohn David vereinbart, dass ich keine Blumen bzw. Geschenke annehme, nur Bäume in Israel auf den Namen von Jenta Wulf.

Ich habe mir deshalb – eigenmächtig – erlaubt, 5 Bäume in Israel zu kaufen. Ich glaube, es ist ganz in Ihrem Sinne. Anbei die Urkunde.

Denken Sie bitte an Ihr Buch »Bäume«, wo Sie in der Widmung folgendes geschrieben haben: »Im Wald ist Freiheit. Für Frau Jenta Wulf. Ernst Jünger. Wilflingen 7.2.1963«.

Ich arbeite jetzt sehr ruhig, aber bin selbstverständlich viel mit der Überführung meiner Frau nach Israel in meinen Gedanken beschäftigt. In chassidischen Büchern steht, dass die Vorbereitung zum Gebet viel wichtiger ist als das Gebet selbst.

Wenn ich in Israel sein werde, werde ich mich mit Ihren dortigen Bekannten in Kontakt setzen.

Nochmals herzlichen Dank und herzliche Grüsse Ihnen und Ihrer verehrten Gattin –

stets Ihr

J Wulf

קרן קימת לישראל
JÜDISCHER NATIONALFONDS e.V.

ZU EHREN

Frau Jenta Wulf s.A.

Gest.am 28.August 1973

WURDEN DURCH

Herrn Ernst Jünger

IN ISRAEL

5 BÄUME GEPFLANZT

Jüdischer Nationalfonds e.V. קקל קרן קימת לישראל

Abb. 10: Urkunde »Baumstiftung«

149   *Wulf an Jünger, 3. Juli 1974*

Lieber Herr Jünger,
über folgende Angelegenheit wollte ich nicht in meinem Brief, wo es um meine
J-ta [sic!] geht, schreiben. Deshalb auf einem extra Briefbogen.

Anbei übersende ich Ihnen mein <u>zeitweiliges</u> Exposé über mein Projekt. Ich
wäre Ihnen äusserst verbunden, wenn Sie es lesen würden.

Nach vielen Gesprächen mit kompetenten Menschen sind wir zu dem Ergebnis
gekommen, dass der einzige Verlag, der sich finanziell so ein Buch leisten kann,
der Propyläen-Verlag ist (Eigentümer ist doch Axel C. Springer). Der Leiter dieses
Verlages ist Ihr Freund Wolf Jobst Siedler, der kein Gönner von mir ist. Warum,
weiss ich nicht.

Sie haben mir einmal mit Ihrem Brief an Herrn Orengo vom Verlag Fayard sehr
viel geholfen. Ich bin innigst überzeugt, dass ein Brief von Ihnen bei Wolf Jobst
Siedler mir sehr viel helfen kann.

Beim Lesen meines Exposés achten Sie bitte auf die Worte »<u>zeitweiliges</u> Exposé« und »Tagebuch« (Arbeitstitel).
Mit verbindlichen Grüssen
stets Ihr
J Wulf

150   *Jünger an Wulf, 12. Juli 1974*

Lieber Herr Wulf,
Daß Steine auf jüdische Gräber gelegt werden, war mir bekannt, doch wußte ich
nicht, daß Blumen dort nicht am Platze sind --- obwohl zwischen beidem ein
sinnvoller Zusammenhang zu vermuten ist.

Daß Sie nun gar meine Blumenspende zur Baumstiftung erhöhten, hat mich
gerührt. Wir Beide, nach Art und Herkunft so verschieden, begegneten uns mit
Frau Jenta im Humanen – das reicht tiefer als Übereinstimmung in der Meinung
und hält länger vor.
Herzlich Ihr
Ernst Jünger

151   *Jünger an Wulf, 12. Juli 1974*

Lieber Herr Wulf,
Über Ihr Exposé à part. Ich übermittle Ihre Wünsche Herrn Siedler mit gleicher
Post. Ob er für eine so umfangreiche Planung kompetent ist, kann ich nicht be-
urteilen. Wahrscheinlich fällt hier die Entscheidung Herrn Springer, dem großen
Baumstifter, zu.

Wenn ich es recht verstehe, schlösse ein Vertrag eine fünfjährige Wartezeit
ein, und damit in mehrfacher Hinsicht ein bedeutendes Risiko. Auch Sie als Autor begeben sich, zum mindesten zeitlich, in ein Korsett. Jedenfalls sind Ihnen
meine guten Wünsche gewiß.
Herzlich Ihr
Ernst Jünger

152   *Wulf an Jünger, 21. Juli 1974*

Lieber, sehr lieber Herr Jünger,
herzlichen Dank für Ihren Brief vom 12. Juli, und Dank für die Mitteilung, dass
Sie meine »Wünsche Herrn Siedler mit gleicher Post« übermittelt haben.

Zu Ihrer Information: An Herrn Siedler schrieben auch mein ehemaliger Ver-
leger Sigbert Mohn (der mit Herrn Siedler sehr befreundet ist) und Herr Prof.
D. Helmut Gollwitzer (den Herr Siedler sehr schätzt). Bis heute schweigt Herr
Siedler, aber vielleicht ist er verreist.

Anbei – vertraulich – eine Kopie des Briefes von Herrn Axel C. Springer an
mich.

Anbei noch zwei Kopien: Protest gegen das Urteil gegen Beate Klarsfeld und
meines Briefes an den »Tagesspiegel«.

Sie haben, lieber Herr Jünger, Angst, dass ich mich als Autor »zum mindesten
zeitlich in ein Korsett begebe«. Ich wiederum glaube fest, dass mein »Tagebuch
eines Ostjuden« (Titelvorschlag) – mein 21. Buch, mein Lebenswerk, gewidmet
meiner Frau, die für ewig verschwunden ist – mir viel, viel Kraft geben wird.
Herzlich
Ihr
J Wulf

153   *Wulf an Jünger, 27. Juli 1974*

Lieber Herr Jünger,
ich bitte Sie, besorgen Sie sich zwei Bücher: »Weit von wo – Verlorene Welt des
Ostjudentums« von Claudio Magris (Europa-Verlag Wien 1974) und »Stellungnahme« von Sacharow (Molden-Verlag).

Haben Sie evtl. heute in der »Welt« (Seite 5) die grosse Anzeige mit den fast
300 Unterschriften gegen das Urteil gegen Beate Klarsfeld gelesen? Sie finden
dort Nobelpreisträger und Wissenschaftler neben Hausfrauen, Rentnern und
Studenten.
Herzliche Grüsse
stets Ihr
J Wulf

154   *Jünger an Wulf, 28. Juli 1974*

Lieber Herr Wulf,
Herr W. Mitte vom Propyläen-Verlag schrieb mir, daß mein Brief dort eingetrof-
fen und daß W. J. Siedler zur Zeit auf Reisen ist.

Dank auch für Ihre Zeilen vom 21. Juli. Ich bin in Paderborn; ein Enkel ist gestern auf den Namen Martin Alexander getauft worden -- katholisch, wie schon
der Ort vermuten läßt.

Hinsichtlich der Aktionen der Frau Klarsfeld bin ich anderer Meinung; ich sehe
da eine Kettenreaktion von Unannehmlichkeiten voraus. Mit seiner Gesinnung
kann sich jeder politische Täter entschuldigen.

Wenn Sie einige Minuten Zeit für mich hätten, wäre ich Ihnen dankbar für
einen handbreiten, vertraulichen Auszug aus Ihrem Aktenschatz, und zwar über
Werner Best, der dort sicher vertreten ist. Natürlich behandle ich auch Ihre Mitteilung über Springer vertraulich, obwohl sie nur Unbedenkliches, ja Erfreu-
liches enthält. Sollte es zu dem Gespräch kommen, das Springer ankündet, so
können Sie Ihre Wünsche an der Quelle vortragen.
Herzlich Ihr
Ernst Jünger

Über Timna, die Kupferzeit, die Eherne Schlange bekam ich jetzt sehr gute Aus-
künfte.

155   *Wulf an Jünger, 7. August 1974*

Lieber, sehr lieber Ernst Jünger,
anbei meine Antwort an Herrn Wolf Jobst Siedler vom 1. August 1974. Bis heute
kam noch keine Antwort und kein Anruf, aber Herr Ernst J. Cramer, Axel Cäsar
Springers zuständiger Mann für Juden, Israel usw. hat diese Kopie ebenfalls bekommen.
    Ich warte. Sie werden sehen, wie die Entwicklung läuft.
    Anbei – ich glaube, es ist wichtig für Sie, auch das zu lesen – mein Brief an
meinen Sohn David, der in Paris wohnt.
Einen Handkuß und herzliche Grüße an Ihre verehrte Gattin
stets Ihr
J Wulf

156   *Wulf an Jünger, 9. August 1974*

Lieber, sehr lieber Herr Jünger,
ich habe Ihren Brief vom 28.7.74 bekommen. Tausend Dank.
    Was Ihnen der Herr Mitte vom Propyläen-Verlag schrieb, ist wahrscheinlich
Lüge, weil ich einen Brief von Herrn Siedler vom 26. Juli d. J. bekam, anbei meine Antwort an ihn.
    Meine herzlichen Glückwünsche zu Ihrem Enkel Martin Alexander. Da er ka-
tholisch getauft worden ist, kann ich Ihnen nur wünschen, daß er mindestens
Kardinal wird, wenn nicht noch Papst. Aber, falls er Papst wird, soll er dafür
sorgen, daß Jerusalem die Hauptstadt Israels sein soll. (Übrigens, wissen Sie, daß
es einst einen jüdischen Papst gab?)
    Und jetzt zu Beate Klarsfeld.
    Sie schreiben, richtig, »mit seiner Gesinnung kann sich jeder politische Täter
entschuldigen«. Aber: eines, lieber Herr Jünger übersehen Sie; ich möchte es
Ihnen erklären: Die deutsche Beate hat mich mal besucht. Ihr Mann, Serge Klarsfeld, dessen ganze Familie in Auschwitz vergast wurde, war dabei und damals
hatte sie nur ein Kind und mit dem Kind spielte meine Mitarbeiterin »Lego«,
damit ich ruhig mit Beate sprechen konnte.
    Als Beate den Bundeskanzler Kiesinger geohrfeigt hat, da dachte ich, daß sie
mit dieser Ohrfeige viel mehr getan hat, als ich mit meinen ganzen blöden 18
Büchern, denn: man kann sich hier in Deutschland totdokumentieren und die
Massenmörder gehen weiter frei herum.
    Zu Kiesinger muß ich Ihnen noch folgendes sagen: er hat – dafür bürge ich

dokumentarisch – eine falsche eidesstattliche Erklärung abgegeben, daß er von nichts wußte.

Sie verstehen, daß ich keine Zeit habe, über Werner Best nachzuforschen. Ich schicke Ihnen hier zu treuen Händen die ganze SS-Akte von Werner Best. (Zu meiner Verfügung stehen 8 Millionen Dossiers von NSDAP-Mitgliedern aus dem »Braunen Haus«). Lesen Sie, was Sie dort wollen und schicken Sie mir die Akte bitte wieder zurück.

Was mit Springer wird, weiß ich ehrlich nicht, aber ich glaube, er wird mich empfangen. Sein großer Vertrauensmann Ernst J. Cramer, zuständig für Juden u. Israel, hat schon vieles von mir bekommen. Falls es zum Gespräch kommt, wird Axel Cäsar Springer einiges – aber nur einiges – über mich wissen.

Zuletzt: ich las in der FAZ vom 7. August, S. 19: »Schillerpreis an Ernst Jünger«. Erklären Sie mir das Phänomen, warum Sie nicht Nobelpreisträger sind (der Heinrich Böll hat es Ihnen geklaut). Dennoch: herzliche Glückwünsche!

Ich grüße Sie herzlich und vergessen Sie nicht, einen Handkuß von mir Ihrer verehrten Gattin zu geben.

Stets Ihr

J Wulf

PS: Über Timna, die eherne Schlange, muß ich noch nachsehen, ich habe sehr gute Lexika.

157   *Jünger an Wulf, 18. August 1974*

Lieber Herr Wulf,

Außer Ihren beiden Briefen vom 7. und vom 9. August liegt noch ein Convolut von Anlagen auf meinem Tisch, für das ich Ihnen meinen Dank sage. Mir geht es wie wohl auch Ihnen: der gute Wille, auf gemeinsame Anliegen einzugehen, ist größer als die Möglichkeit. So kann ich nur einzelnes herauspicken.

Dank für die Ablichtungen. Ein typischer Aufstieg in hohe Parteistellen. Ich bat Sie darum, weil ich ex officio über Einzelheiten des Pariser Aufenthaltes von B. befragt wurde.

Die Copie des Briefes an Ihren Sohn David hat mich schon deshalb erfreut, weil ich in unserer Korrespondenz die Erwähnung seines Namens vermißt hatte.

Erstaunt hat mich an der Korrespondenz zwischen Siedler und Mohn, daß darin von einem »verlegerischen Mißerfolg« Ihrer von Mohn edierten Bücher die Rede ist. Ich hatte schon der Themen wegen riesige Auflagen vermutet und Sie aus diesem Grunde für einen reichen Mann gehalten – das ist offenbar nicht der Fall. Es könnte freilich einige Gründe geben, die dagegen sprechen – unter anderem den, daß Sie mit einer Reihe von Literaten unsanft verfuhren, die heute noch in der Presse mächtig sind.

Wenn ich mich in die editorische Seite der Angelegenheit zu versetzen suche, so dürfte eine solche Biographie auch unter günstigen Voraussetzungen eine Auflage von zehntausend Exemplaren kaum überschreiten und dann dem Autor optimal ein Honorar zwischen vierzig- und fünfzigtausend Mark bringen. Dazu wäre es gut, wenn ein Text vorläge. »Mäzenatisch zu kalkulieren«, ist nicht Siedlers Aufgabe; er ist Angestellter und für Verluste verantwortlich. Hinsichtlich der Memoiren von Speer und des Wälzers von Fest hat er eine glückliche Hand bewiesen; Hitler scheint noch immer das Thema Eins zu sein. »Habt Ihr Neues von Holofernes gehört?« Jedenfalls bin ich begierig zu hören, wie Ihre Pläne weiter- und hoffentlich vorangehen.

Verleger und Mäzen kommen selten zur Deckung, ebenso Historiker und Moralist. Ich kann mich in Ihre Lage versetzen und Ihre Ansicht im Falle Klarsfeld verstehen. Ob Sie aber andererseits begreifen, daß ich als Deutscher anders urteilen muß? Ihre negative Ansicht der Bundesrepublik teile ich. Trotzdem ist ihr Gebiet das einzige, auf dem Frau Klarsfeld operieren kann. Versuchte sie ähnliches in der DDR, so würde auch ich den Hut abnehmen.

Ich will das nicht weiter ausführen. Wir differieren in der Ansicht, sind aber im Humanen einig – das ist viel besser, als wenn wir bei gleicher Überzeugung menschlich einander mißtrauten. Frau Jenta gefiel es, daß der Erste Anblick des Gelben Sternes mir Übelkeit erweckte; damit bin ich aber heute denen eher ein Dorn im Auge, die jene Zeit im Ausland und in Sicherheit zubrachten.

Ich komme noch einmal auf das Convolut, auch auf die »Eherne Schlange« zurück. Anbei noch ein Brief von Dr. Grünwald, mit dem ich über die Funde von Timna korrespondiere, und meine Antwort darauf. Ich habe mir erlaubt, Sie darin zu zitieren, hoffentlich nicht zu ungenau. Jedenfalls möchte ich Ihr placet nachholen.

Herzlich Ihr

Ernst Jünger

PS. Bei Mohr eben erschienen: Adler »Der verwaltete Mensch«. Behandelt die Judendeportation und die bürokratisierte Welt. Ihnen vermutlich bekannt?

158   Ursula Böhme an Jünger, 25. August 1974

Sehr geehrter Herr Jünger,
Herr Wulf, dessen Mitarbeiterin ich nun seit fast 12 Jahren bin, bat mich, Ihnen
Ihren langen Brief vom 18. ds. Mts. zu bestätigen, und Sie um Verständnis dafür
zu bitten, dass er Ihnen im Moment nicht selber ausführlich antwortet. Er möchte nach dem Trubel der letzten 10 Tage (vgl. beiliegenden Ausschnitt aus der
»Frankfurter Rundschau«) endlich Ruhe haben, um sich auf die Überführung
seiner Frau nach Israel am 8.9.74 vorzubereiten.
     Anbei übersende ich Ihnen auch den Briefwechsel mit Herrn Grünwald zurück –
ich habe mir erlaubt, Fotokopien davon zu machen, damit Herr Wulf später
darauf eingehen kann und ich nicht wusste, ob Sie so lange darauf verzichten
können.
     Ein Missverständnis, das nicht nur bei Ihnen herrschte, sondern bei mehr
Menschen, als es der Arbeit gut getan hat, darf ich aufklären: Herr Wulf ist kein
reicher Mann mit seinen Büchern geworden, sondern schrieb sie fast ausschliesslich auf Honorar-Vorschuss. Die Auflagen waren klein.
Mit vorzüglicher Hochachtung
Ihre sehr ergebene
Ulla Böhme

3 Anlagen

159   Ursula Böhme an Jünger, 31. Oktober 1974

Sehr verehrter Herr Jünger,
vielen Dank für Ihren Brief vom 17. Oktober. Es ist doch eine kleine Erleichte-
rung in der grossen Einsamkeit, wenn man weiss, dass es Menschen gibt, die
den Toten in guter Erinnerung behalten werden.
     Ich habe ihn nach Israel gebracht und er ist dort neben seiner Frau beigesetzt
worden. Er hat den Tod seiner Frau nie verwunden, wenn er auch noch so viele
Pläne hatte. Vielleicht hätte eine konkrete grosse Arbeit ihm geholfen – aber die
Überführung seiner Frau Anfang September hat offenbar alles wieder in ihm
aufgerissen. Er kam völlig zerbrochen nach Berlin zurück.
     Sein »Tagebuch eines Ostjuden« sollte der Grabstein für seine Frau werden,
aber alle Liebe und Fürsorge und Freundschaft konnten ihn nicht mehr »zurück-
holen«.

Nun bleibt mir als letzte Aufgabe, seinen Nachlass zu ordnen. Über Archiv und Bibliothek hat er testamentarisch schon im vergangenen Jahr verfügt. Grosses Vermögen hat er nicht zurücklassen können. Leider gibt es auch keine Bruchstücke für das »Tagebuch« – so dass ich nur als gute Sekretärin (ich erinnere mich genau Ihres Briefwechsels mit Dr. Wulf über die Pflichten eines »Sekretärs«) seine private Korrespondenz sichten kann und die Wohnung »auflösen« muss. In diesem Zusammenhang bitte ich Sie, mir in den nächsten Wochen die Akte Best zurückzusenden, da sie Bestandteil des Archivs ist, das Dr. Wulf jüdischen Institutionen in Deutschland zur Verfügung gestellt hat.

Ihre Post erreicht mich in den nächsten Monaten noch unter der Adresse von Dr. Wulf.

Ich danke Ihrer Gattin und Ihnen herzlich für Ihre Teilnahme.

Ihre

Ursula Böhme

Stellenkommentar

1

meinen Büchern über das Dritte Reich: Vgl. Nachwort und Literaturverzeichnis.

an meinem Buch »Literatur und Dichtung im Dritten Reich«: Das Buch ist 1963 erschienen. Wulf verweist in den folgenden Briefen häufig darauf. Den Brief an den »Völkischen Beobachter« dokumentiert Wulf in der Einleitung, weitere Briefe Jüngers aus dem Jahr 1933 in einem eigenen Abschnitt mit der Überschrift »Neuordnung der Dichterakademie«, der wiederum die ergänzende Überschrift »Anhang: Ernst Jünger« trägt (vgl. Kommentar zu B 8).

Ihren Brief an den »Völkischen Beobachter« vom 14. Juni 1934 ... er ist im Buche von A. Mohler: Im Nachlass Jüngers (DLA) sind drei Versionen vorhanden, die auf die Bedeutung des Briefes für ihn hinweisen (vgl. Nachwort): 1. ein Schreiben vom 14. Juni 1934; 2. eine Abschrift mit demselben Datum und einer hs. Notiz an Friedrich Georg Jünger; 3. eine Abschrift mit Datum vom 16. Juni 1934 (sic!). In dem von Mohler herausgegebenen Band »Die Schleife«, auf den sich Wulf bezieht, ist der Brief mit Datum vom »14. Juni 1934« abgedruckt; ebenfalls in der Einleitung zu Wulfs Buch »Literatur und Dichtung im Dritten Reich«.

2

Empfang Ihrer beiden Bücher ... Aufzeichnungen über das Lodzer Ghetto: Wulfs Buch über Lodz ist in Jüngers Nachlass-Bibliothek mit handschriftlicher Widmung vorhanden (vgl. Nachwort). Außerdem finden sich dort folgende Bücher Wulfs mit handschriftlichen Widmungen an Jünger: Aus dem Lexikon der Mörder. »Sonderbehandlung« und verwandte Worte in nationalsozialistischen Dokumenten. Gütersloh 1963; Literatur und Dichtung im Dritten Reich. Reinbek 1966 (vgl. Abb. 4); L'industrie de l'horreur. Paris 1970.

Ihrem Bericht über die Warschauer Tragödie: Wulf hat das Thema in zwei Büchern von 1958 (»Vom Leben, Kampf und Tod im Ghetto Warschau«) und 1961 (»Das Dritte Reich und seine Vollstrecker«) behandelt. Beide Bücher befinden sich nicht in Jüngers Nachlass-Bibliothek.

Im Jahre 1942 [recte: 1943] suchte mich Friedrich Hielscher auf ... Notizen in meinem Journal »Strahlungen«: Vgl. Nachwort, S. 148f.

Einige Einzelheiten teilte ich der Buchhändlerin Cardot in der Avenue Kléber mit: Jünger erwähnt das Geschäft der jüdischen Besitzerin Jeanne Cardot in einer Aufzeichnung der »Strahlungen« vom 24. August 1943 (SW 3, 129) und in einer Aufzeichnung des dritten Bandes von »Siebzig verweht« unter dem Datum vom 30. Juni 1981, in der er sich auf den oben zitierten Bericht von Hielscher über das Ghetto in Lodz bezieht (SW 20, 79). In der Avenue Kléber lag auch das Hotel »Majestic«, seit 1940 Sitz des deutschen Militärbefehlshabers in Frankreich und seit 1941 Jüngers Dienstort (vgl. Kiesel, Ernst Jünger, S. 497–499).

Bericht über den Kampf um die Vorherrschaft in Frankreich: Der Bericht ist verschollen. Er

wird in Jüngers »Strahlungen« am 8. Dezember 1941 erwähnt (SW 2, 282).
Weitere Erwähnungen finden sich in den Tagebüchern »Jahre der Okkupation«
(1958) und »Siebzig verweht« (5 Bde., 1980–1997).

Bericht über die Attentate und die Geiselnahme: Der Bericht hat sich im Nachlass Jüngers
erhalten und ist 2011 unter dem Titel »Zur Geiselfrage« veröffentlicht worden
(vgl. auch Nachwort, S. 150f.).

die bei Rowohlt erschienene Monographie von Paetel: Erschienen 1962. Jünger und Paetel
kannten sich (vgl. Schöttker/Hübner 2010, S. 19f. und 90f.).

Flavius Josephus: Der jüdische Geschichtsschreiber (37–100 n. Chr.) schildert in
seinem mehrfach übersetzten Hauptwerk »Geschichte des jüdischen Krieges«
den Aufstand der Juden gegen die Römer.

3

15 Jahre hindurch mein Material darüber zusammengesucht: Das Buch ist 1958 erschienen
(vgl. Kommentar zu B 2).

zwei Bücher in jiddischer Sprache: Es handelt sich um Bücher von 1939 und 1948 (vgl.
Literaturverzeichnis).

meinen Aufsatz über »Yiddisch«: Joseph Wulf, Yiddisch. Über die geistige Welt des
Ostjudentums. In: Aus Politik und Zeitgeschichte/Beilage zur Wochenzeitung
»Das Parlament«, Nr. 39 vom 28. September 1960, S. 645–649.

4

Ihr Verhalten im Dritten Reich als Inbegriff der inneren Emigration: Vgl. Nachwort.

*1933 in die neue Dichterakademie berufen. Der Text Ihres Antwortschreibens ... auch in Ihrem Brief
an den »Völkischen Beobachter«:* Vgl. Kommentare zu B 1 und 8 sowie Nachwort.

5

Kunstpostkarte (»Die Kinderspiele« von Pieter Bruegel d. Ä)

»Die Post« in Saulgau; Sie können sich auf mich berufen: Es handelt sich um das »Hotel Kleber Post« in Bad Saulgau, nicht weit von Wilflingen entfernt. Jünger ging hier
häufig zum Essen und empfahl es Gästen (vgl. B 7).

6

am 1. Februar mit meiner Frau: Jenta Wulf (1912–1973). Vgl. die folgenden Schreiben.

7

Mein Freund André Germain: Französischer Publizist (1882–1971). Im dritten Band
von »Siebzig verweht« berichtet Jünger unter dem Datum vom 2. März 1985
über einen Traum zu einem »Galadiner in Tanger mit Zeitgenossen der älteren
Generation«, in dem Germain eine zentrale Rolle spielt (SW 20, 490f.).

8

Austrittsbrief aus dem Jahre 1933 ... von allen vier Briefen gleich auch für Sie Fotokopien: s. u.

Symbol der inneren Emigration: Vgl. Nachwort.

Ihren »Arbeiter«: Das Buch ist 1932 erschienen.

4 Anlagen: Die vier Briefe sind in Wulfs »Literatur und Dichtung im Dritten Reich« (in folgender Reihenfolge gedruckt (S. 37–39): 1. Brief Ernst Jüngers vom 16. November 1933 an die Deutsche Akademie der Dichtung (Absage an die Wahl in die Akademie); 2. Brief der Deutschen Akademie der Dichtung vom 18. November 1933 an den Minister für Wissenschaft, Kunst und Volksbildung (zur Absage Jüngers); 3. Brief des Präsidenten der Deutschen Akademie der Dichtung, Werner Beumelburg, vom 18. November 1933 an Ernst Jünger (zur Absage der Berufung); 4. Brief Ernst Jüngers an den Präsidenten der Deutschen Akademie der Dichtung (Werner Beumelburg) vom 18. November 1933 (Betonung der »positiven Mitarbeit am neuen Staate, ungeachtet mancher persönlicher Verärgerung, wie etwa der Haussuchung, die in meinen Räumen stattgefunden hat«).

9

fünfzigtausend Briefe in eine ziemlich übersichtliche Ordnung gebracht: Jünger besaß ein umfangreiches Briefarchiv, das am Ende seines Lebens ca. 90.000 Briefe an ihn und 40.000 Briefe von ihm in Durchschriften enthielt (vgl. Nachwort). Nach Kriegsende begann er mit der alphabetischen Ordnung der Schreiben, worüber er in »Jahre des Okkupation« (1958) berichtet. Zwischen 1961 und 1964 legte sein Sekretär Heinz Ludwig Arnold (1940–2011) ein alphabetisches Verzeichnis der Korrespondenten an (als Typoskript vorhanden im DLA). 1996 verkaufte Jünger sein Briefarchiv zusammen mit dem gesamten Archiv dem DLA.

zwei Briefe von Hans Grimm: Der Schriftsteller (1875–1959) veröffentlichte 1926 den Roman »Volk ohne Raum«. Der Titel lieferte der nationalsozialistischen Expansionspolitik eine zentrale Formulierung. Grimm war nicht in der NSDAP, sympathisierte aber mit Auffassungen des NS-Staates. Im Gegensatz zu Jünger hat er die Wahl in die Deutsche Akademie der Dichtung angenommen (vgl. Sarkowicz/Mentzer, Schriftsteller, S. 284–290). Grimm wechselte mit Jünger zwischen 1930 und 1956 mehrere Briefe (vgl. Lörke, »Schwierig und ablehnend«). Im ersten der von Wulf erwähnten Briefe vom 22. Juni 1934 (abgedruckt bei Lörke, s. o.) geht Grimm auf Jüngers Ablehnung der Berufung in die Deutsche Akademie der Dichtung ein und lädt ihn zu einem Dichtertreffen in sein Haus in Lippoldsberg ein; im zweiten vom 5. Juli 1934 schreibt er: »Gegen den Austritt habe ich natürlich gar nichts. Auch ich bin gegen Meinungs- und Gesinnungsäusserungen der damaligen Art, denn sie scheinen mir mit der Akademie nichts zu tun zu haben.« Beide Briefe befinden sich in Jüngers

Nachlass. Wulf erwähnt Grimms Brief vom 22. Juni in »Literatur und Dichtung im Dritten Reich« (S. 39).

Passus aus »Der Arbeiter«: Vgl. SW 8, 210.

10

»Die Bildenden Künste im Dritten Reich« … ein Motto von Hans Rothfels: Das Motto aus Rothfels Buch »Zeitgeschichtliche Betrachtungen« (1959) lautet: »Objektivität auf diesem Felde der Erkenntnis heißt ganz gewiss disziplinierte Wahrheitssuche, Ausschaltung von Vorurteilen soweit möglich, aber nicht Neutralität in Fragen, welche uns wesenhaft betreffen und in menschliche Entscheidungen hineinführen.« Der Historiker Rothfels (1891–1976) emigrierte 1939 nach Großbritannien, später in die USA, kehrte 1951 nach Deutschland zurück und lehrte an der Universität Tübingen. Vgl. B 11.

alle weiteren Bücher meiner Kunstserie: Vgl. Nachwort.

sage ich folgendes: »Der Scheideweg …«: Vgl. Wulf, Literatur und Dichtung im Dritten Reich, S. 6.

Hans Grimm … »Die Gesunden haben mehr Recht als die Kranken«: Die Formulierung stammt aus Grimms Beitrag »Gedanken«, der 1936 in der von Will Vesper herausgegebenen Zeitschrift »Die Neue Literatur« erschien. Wulf liefert ein längeres Zitat aus dem Text in seinem Buch »Literatur und Dichtung im Dritten Reich«. Dort heißt es u. a.: »Was ist der Menschheitsglaube, den Deutschland in einer schwankenden Zeit zur brauchbaren und verpflichtenden Wirklichkeit zu erwecken versucht? Der Glaube der Nordleute ist, … daß die Gesunden mehr Recht haben als die Kranken« (S. 335). In einem »Exkurs zu Grimm« schreibt Wulf in »Literatur und Dichtung im Dritten Reich« (S. 338): »In diesen drei grundsätzlichen Fragen: Rasse, Judentum und Arier (= Nordmann) stimmt Grimm mit den Grundsätzen des Führers nicht nur in den Ergebnissen überein, sondern auch in den Überlegungen, die zu diesen Ergebnissen führen mußten«.

11

Professor Rothfelds … Stauffenbergs besucht: Jünger zog im Juli 1950 nach Wilflingen und wohnte zunächst im Schloss der Familie Stauffenberg; im Frühjahr 1951 wechselte er in ein gegenüberliegendes Haus, die ehemalige Oberförsterei, die er bis zu seinem Tod bewohnte (vgl. Abb. 3).

12

Taxi von Stuttgart nach Saulgau: Die Fahrt dauert etwa zwei Stunden; mit regionalen Zügen ist mehrfaches Umsteigen notwendig.

13

Hs. Brief

die Dokumente ... der widrige Bouhler: Philipp Bouhler (1899–1945) war Schriftleiter
für den Anzeigenteil des »Völkischen Beobachters«, SS-Gruppenführer, seit
1933 Reichsleiter der NSDAP und seit 1934 Chef der Kanzlei Hitlers und Vor-
sitzender der Parteiamtlichen Prüfungskommission zum Schutze des nationalsozialistischen Schrifttums; 1936 wurde er zum Reichskultursenator ernannt
und leitete später die sogenannte »Bouhler-Kommission«. Im dritten Band von
»Siebzig verweht« zitiert Jünger aus einem Bericht, den Paul Weinreich, ehe-
mals Lektor der Hanseatischen Verlagsanstalt, 1973 zur Publikation von Jüngers Erzählung »Auf den Marmorklippen« (1939) verfasst hat. Hier heißt es
zu Bouhler u. a.: »Der Verlag tat alles, um das Buch schnell auf den Markt
zu bringen. Bewußt verzichteten wir auf Absicherung, legten das Buch vor
allem nicht der dafür entscheidenden ›Parteiamtlichen Prüfungskommission
zum Schutze des NS-Schrifttums‹ (Bouhler-Kommission) vor, da das sofort zu
einem Auslieferungsstop geführt hätte. [...] bei der Kommission muß schon
ein Referent auf Jünger angesetzt gewesen sein, denn kaum war das Buch angezeigt, lag auch die Anforderung von Prüfungsexemplaren auf dem Tisch.
[...] Erst sehr viel später hörten wir, daß Reichsleiter Bouhler den Fall Jünger
Hitler vorgetragen und dieser entschieden hätte, gegen Jünger nichts zu unter-
nehmen« (SW 20, 236).

14

Im Gegensatz zu Ihnen ... kein »Logbuch«: Wulf spielt hier auf einen Begriff an, den Jünger im Vorwort der »Strahlungen« für eine knappe Form von Tagebuch-Aufzeichnungen verwendet hat (SW 2, 13).

15

Brief mit hs. Zusatz von Liselotte Jünger

Brief des amerikanischen Studenten: Jünger antwortete Glenn S. Leavitt am 11. Februar
1963 auf dessen Anfrage vom 4. Februar 1963 (DLA) und verwies ihn an Joseph Wulf als Experten (vgl. B 16).

Carossa ... den Vorsitz in der Vereinigung europäischer Schriftsteller: Der Schriftsteller Hans
Carossa (1878–1956) lehnte wie Jünger 1933 eine Berufung in die national-
sozialistisch geprägte Deutsche Akademie der Dichtung ab, ließ sich aber von
den Nationalsozialisten vereinnahmen. 1941 wurde er auf dem sogenannten
Großdeutschen Dichtertreffen in Weimar zum Präsidenten der Europäischen
Schriftstellervereinigung gewählt, die von Joseph Goebbels angeregt wurde,
setze sich aber auch für verfolgte Kollegen in Deutschland ein (vgl. Sarkowicz/
Mentzer, Schriftsteller, S. 190–195). Vgl. auch B 16.

Professoren, bei denen ich in den zwanziger Jahren studiert habe: Jünger studierte von Oktober
   1923 bis Mai 1926 Zoologie in Leipzig und Neapel, schloss das Studium aber
   nicht ab.

16

Carossa in den Jahren 1933–1945: In »Literatur und Dichtung im Dritten Reich« hat
   Wulf von Carossa keine Dokumente aufgenommen; in den Erwähnungen
   spielt er nur am Rande eine Rolle.

»Gandhi in Auschwitz« bei unserem Gespräch: Offenbar gab es eine entsprechende Anek-
   dote (vgl. Kempter, Joseph Wulf, S. 58).

Den ersten Band meiner Serie: Die Bildenden Künste im Dritten Reich von 1963 (vgl.
   Literaturverzeichnis).

Biographie des jungen schwedischen Diplomaten Raoul Wallenberg: Wulfs Buch ist 1958 erschienen (vgl. Literaturverzeichnis).

17

Mein Aktenwolf: Gemeint ist entweder Jüngers zweite Ehefrau Liselotte (1917–2010),
   mit der er seit 1962 verheiratet war (sie hatte zuvor das Cotta-Archiv im Deutschen Literaturarchiv betreut), oder sein Sekretär Heinz Ludwig Arnold (vgl.
   Kommentar zu B 9).

Barts: Wulf hatte den Arzt Franz Bart, Leiter des Städtischen Krankenhauses in
   Bad Saulgau, und dessen Ehefrau Nadia offenbar bei seinem vorausgehenden
   Aufenthalt kennengelernt.

18

Lektüre des Liddell Hart, eines noblen Gegners: Basil Henry Liddell Hart (1895–1970) war
   im Ersten Weltkrieg Offizier der britischen Armee und veröffentlichte später
   militärhistorische und weitere Schriften.

in der syrischen Wüste: 1961 machte Jünger eine Reise durch Syrien, Jordanien und
   den Libanon.

19

Gütersloh: Ort des Verlags Sigbert Mohn, der seit 1962 Wulfs Bücher produzierte
   und vertrieb. Vgl. Wulfs Brief vom 9. März 1966 (B 86).

20

Kunstpostkarte (»Cathédrale de Rouen« von Claude Monet)

21

Ernst Niekisch … Friedrich Georg Jünger: Beide (s. u.) werden in Wulfs Buch »Literatur
   und Dichtung im Dritten Reich« nicht erwähnt. Vgl. die folgenden Erläuterungen.

Das Gedicht meines Bruders »Der Mohn«: Friedrich Georg Jünger (1898–1977) war enger Vertrauter von Ernst Jünger und teilte dessen politische Auffassungen. Das Gedicht »Der Mohn« wurde in Friedrich Georg Jüngers Band »Gedichte« gedruckt, der 1934 im Widerstandsverlag von Ernst Niekisch erschien (zwei weitere Auflagen 1935 und 1936). Nachgedruckt wurde es in der zweiten Auflage von Friedrich Georg Jüngers Gedichtsammlung »Der Taurus« (1943). Der Text lässt sich als Kritik am Nationalsozialismus deuten (vgl. Abdruck und Kommentar in Jünger, Auf den Marmorklippen, S. 177–183).

Ernst Niekisch ... laboriert noch immer an seiner Haft: Vgl. Nachwort.

22
Ansichtskarte (Marbella)

23
»Le Mur du Temps«: Die französische Ausgabe von Jüngers Buch »An der Zeitmauer« (dt. 1958) erschien 1963 in Paris bei Gallimard in der Übersetzung von Henri Plard (Mühleisen, Bibliographie, Nr. 904).

»Musik im Dritten Reich«: Jünger bekam das Buch vom Lektor des Sigbert Mohn Verlags, Dr. Dieter Struß (mit einem Schreiben vom 15. August 1963).

24
der im beigelegten Aufsatz erwähnte Wolf Jobst Siedler ... Kamerad meines gefallenen Sohnes: Welchen »Aufsatz« Jünger beigelegt hat, ist nicht bekannt. Wolf Jobst Siedler (1926–2013) und Jüngers Sohn Ernst, genannt »Ernstel« (1926–1944), lernten sich als Schüler kennen. Beide wurden mit weiteren Schülern am 11. oder 12. Februar 1943 verhaftet, weil sie von Mitschülern wegen regimefeindlicher Äußerungen angezeigt worden waren, wie Siedler in seiner Autobiographie »Ein Leben wird besichtigt« (2000) berichtet hat. Während die anderen Schüler freikamen, wurden Siedler und Jüngers Sohn zu mehrmonatigen Haftstrafen verurteilt und kamen in Wilhelmshaven ins Gefängnis. Ernst und Gretha Jünger (1906–1960) bemühten sich vor Ort um seine Freilassung. Ende April wurde Ernstel auf Bewährung entlassen und meldete sich zu einer Panzereinheit. Im September wurde er in Italien an der Front eingesetzt, wo er am 29. November 1944 bei einer Spähtrupp-Aktion erschossen wurde. Er wurde auf einem Friedhof bei Carrara begraben. Jünger und seine Frau besuchten das Grab erstmals im November 1950; ein zweites Mal im Oktober 1951. 1952 wurde der Leichnam nach Wilflingen überführt und auf dem dortigen Friedhof bestattet (vgl. Kiesel, Ernst Jünger, S. 527–529).

25
Kunstpostkarte (»Das Frühstück im Atelier« von Edouard Manet) ohne Datum (Abb. 2)

»*Literatur und Dichtung im Dritten Reich*«: Jünger bekam den Band von der Sekretärin
    des Sigbert Mohn Verlags mit einem Schreiben vom 26. September 1963.

26

Ihr neues Buch … die mich betreffenden Zusammenhänge: Vgl. Kommentare zu B 1 und 8.

*Will Vesper, der mir auch einmal seine Aufmerksamkeit widmete. … Ich konnte daher vor Jahresfrist
    seinem Sohn schreiben:* Bernward Vesper (1938–1971), der Sohn des NS-Schriftstel-
    lers Will Vesper (1892–1962) und spätere Lebensgefährte von Gudrun Ensslin,
    veröffentlichte im April 1960 in der »Deutschen Soldaten-Zeitung« einen Ar-
    tikel zum 65. Geburtstag von Jünger. Dieser reagierte in der Mai-Ausgabe mit
    einem Leserbrief, weil er seine Ehre und die seines Sohnes in »diffamierender
    Absicht« verletzt sah. Vesper schrieb daraufhin einen Brief an Jünger, auf den
    dieser antwortete (die Briefe befinden sich in Jüngers Nachlass). Vgl. auch den
    Kommentar zu B 87.

als bescheidene Gegengabe: Es handelt sich um den 1963 erschienenen Privatdruck mit
    dem Titel »An Friedrich Georg Jünger zum 65. Geburtstag« (Mühleisen, Bib-
    liographie, Nr. 118), der mehrfach in Büchern von Ernst Jünger nachgedruckt
    wurde (Nachweise ebd.).

27

eine Besprechung von Walther Karsch: Telegraf, 27. Oktober 1963 (vgl. Kempter, Joseph
    Wulf, S. 233);

ich beabsichtige, Tagebücher zu veröffentlichen: Vgl. Nachwort, S. 153.

Karschs Besprechung … Variation des Titels: Gemeint ist Johann von Leers Buch »Juden
    sehen Dich an«, das 1933 in einem nationalsozialistischen Verlag erschien.

Adenauer, der Leers zufolge »Blutsjude« war: Konrad Adenauer (1876–1967) war von 1917
    bis 1933 Oberbürgermeister der Stadt Köln und geriet seit Anfang der dreißiger
    Jahre mehrfach in Konflikt mit der NSDAP. Die NS-Zeit überlebte er als Pensi-
    onär. Nach dem Attentat auf Hitler am 20. Juli 1944 wurde er inhaftiert. Von
    1949 bis 1963 war er Bundeskanzler der Bundesrepublik Deutschland.

28

Goebbels-Anweisung (Nr. 63 vom 17.11.1933): Das Original aus dem Bundesarchiv in
    Koblenz ist in Kopie in den Nachlässen von Wulf und Jünger vorhanden. Wulf
    zitiert die Anweisung in seinem Buch »Presse und Funk im Dritten Reich«
    (1964). Sie lautet (S. 93): »Die Zeitungen werden gebeten, nichts zu bringen 1)
    über die heutige Berliner Amtsverwalterversammlung der Deutschen Christen
    und 2) über den Brief Ernst Jüngers an die Dichterakademie.« Vgl. B 35 und
    Nachwort.

29

Sammlung von Dr. des Coudres: Hans Peter des Coudres (1905–1977) war Direktor der
  Bibliothek des Hamburger Max-Planck-Instituts für ausländisches und internationales Privatrecht und stand seit 1947 mit Jünger in Kontakt (Briefwechsel
  im DLA). Er sammelte Dokumente zu dessen Leben und Werk, die er zum Teil
  von Jünger bekam, und publizierte 1970 eine »Bibliographie der Werke Ernst
  Jüngers« (1985 in erweiterter Form). Die Jünger-Sammlung von des Coudres
  wurde vom DLA übernommen, wo sie zugänglich ist. Im Mai 1971 schickte
  Wulf des Coudres' »SS-Akte« an Jünger, nachdem sie vorher darüber – offenbar am Telefon – gesprochen hatten (vgl. B 139).

30

Fotokopie einer Besprechung von Franz Schonauer: Nicht in Jüngers Nachlass. Schonauer hat
  sich seit 1959 in mehreren Beiträgen und Besprechungen mit Jünger beschäftigt (vgl. Riedel, Ernst-Jünger-Bibliographie, Nr. 239).

31

Wolf Jobst Siedler: Vgl. Kommentar zu B 24.

Martin von Katte: Jünger war mit dem Landwirt, Gutsbesitzer und Schriftsteller
  (1896–1988) seit den 1920er Jahren befreundet; er lebte nach dem Zweiten
  Weltkrieg für zwei Jahre bei Friedrich Georg Jünger in Überlingen. Es gibt
  eine umfangreiche Korrespondenz mit der Familie Jünger (DLA). 1987 veröffentlichte er »Schwarz auf Weiß. Erinnerungen eines Neunzigjährigen«.

Passagen über Benn: In »Literatur und Dichtung im Dritten Reich« gibt es ein Kapitel
  mit der Überschrift »Der Fall Gottfried Benn« (S. 131–134). Wulf dokumentiert hier die Hinwendung Benns (1886–1956) zum Nationalsozialismus im
  Jahr 1933 sowie die Kritik von Vertretern des NS-Regimes an seinen Gedich-
  ten, die zu seinem Ausschluss aus der Reichsschrifttumskammer führte. Wulf
  schreibt: »1933 hat kein anderer deutscher Intellektueller den NS-Jargon in so
  gewählter Sprache und so vornehmen Definitionen formuliert« (S. 131). Am
  Schluss (S. 134) zitiert er aus Dieter Wellershoffs Buch »Gottfried Benn – Phä-
  notyp dieser Stunde« (1958) die folgende Bewertung: »Benns Verhalten war
  keine Notwendigkeit. Er hätte sich anders entscheiden können. [...] Daß dies
  nicht geschah, genauer, daß dies erst so spät und nicht ohne den nachhelfen-
  den oder gar auslösenden Druck der herrschenden Gewalt geschah, darf man
  sein moralisches Versagen nennen«.

General Speidel: Hans Speidel (1897–1984) und Jünger waren mehrere Jahrzehnte
  lang eng verbunden. Speidel, der über ein militärpolitisches Thema promo-
  viert hatte, war ranghoher Offizier der Wehrmacht, aber kein Nationalsozialist. Als Chef des Stabs beim Militärbefehlshaber in Frankreich trug er dazu
  bei, dass Jünger 1941 nach Paris versetzt wurde. Dort gehörte er zu einer Ta-
  felrunde, zu der Speidel regelmäßig Gleichgesinnte einlud; Jünger hat darüber

in den »Strahlungen« (1949) berichtet. 1942 wurde Speidel an die Ostfront
versetzt und kehrte 1944 nach Paris zurück. Bald darauf wurde er als Mitwis-
ser des Attentats auf Hitler am 20. Juli 1944 von der Gestapo verhaftet. In der
Nachkriegszeit bekleidete Speidel hohe militärische Positionen; von 1957 bis
1963 war er Oberbefehlshaber der alliierten Landstreitkräfte in Mitteleuropa
(COMLANDCENT) bei der NATO. Den Austausch mit Jünger setzte er fort (vgl.
Krüger, Hans Speidel und Ernst Jünger).

32

Ihre »Marmorklippen«: Die Erzählung erschien 1939 und wurde oft nachgedruckt
    (vgl. Mühleisen, Bibliographie der Werke Ernst Jüngers, passim). In einigen
    Passagen bezieht sich Jünger in allegorischer Form auf das NS-Regime und
    liefert eine deutliche Kritik am politischen Terror (vgl. Jünger, Auf den Mar-
    morklippen. Mit Materialien).
einen Prozess, den ... Dr. W. Hagen: Wilhelm Hagen war Amtsarzt im Warschauer
    Ghetto. Seit 1963 führte er einen Prozess gegen Wulf, weil er die »Klassifizie-
    rung« seiner »Person während der Nazizeit« in Wulfs Buch »Das Dritte Reich
    und seine Vollstrecker« (1961) als Verleumdung auffasste (vgl. Kempter, Joseph
    Wulf, S. 212f. und S. 249–259). Vgl. auch B 115.
eine Story über diese Affäre im »Spiegel«: Vgl. Anonym: Hagen. Gesundheit im Getto. In:
    Der Spiegel vom 8. Mai 1963, S. 38–42. Hier heißt es u.a.: »Auf den Namen
    Hagens war Wulf beim Studium des sogenannten Ringelblum-Archivs gesto-
    ßen, eines der erregendsten Dokumente aus der Geschichte der nationalsozia-
    listischen Judenverfolgung.«
wie auch andere Anlagen: Erklärung zur Fleckfieber-Epidemie im Warschauer Ghetto
    von Dr. Wilhelm Hagen (7. Juli 1941); Aussage des Arztes Chaim Einhorn zur
    Causa Dr. Hagen (15. Mai 1963).
Brief an General Speidel: Der Brief befindet sich in Kopie in Jüngers Nachlass. Vgl. zu
    Speidel und Jünger den Kommentar zu B 31.
Pour le mérite: Die höchste preußische Kriegsauszeichnung wurde Jünger nach sei-
    ner siebten Verwundung im September 1918 verliehen (vgl. B 33).

33

die beiden Aktenstücke: Vgl. Kommentar zu B 32.
Wie Widerstand aussieht, haben die Spanier gezeigt: Jünger meint vermutlich den Bürger-
    krieg zwischen den Anhängern der demokratisch gewählten Regierung und
    den rechtsgerichteten Putschisten unter General Franco (1936–1939).
Ernst Niekisch: Vgl. Kommentar zu B 21.
Mathias Wieman: Jünger war mit dem Schauspieler (1902–1969) befreundet.

35
»Presse und Funk« ... die Sprachregelung bezüglich Ihres Briefes: Vgl. Kommentar zu B 28.
Geschichte des Chassidismus: Das Projekt blieb unvollendet. In Wulfs Nachlass existiert
    eine Bibliographie in Karteiform sowie ein Antrag auf Unterstützung durch
    die Deutsche Forschungsgemeinschaft (freundlicher Hinweis von Dr. Monika
    Preuß, ZA).

36
Beisetzung von Theodor Heuß: Jünger war mit dem Politiker, Schriftsteller und späteren
    Bundespräsidenten (1884–1963) bekannt und unterhielt einen Briefwechsel
    mit ihm (vgl. Martus, »Das mag dann auch ...«).
Alexander ... Doktorprüfung: Es handelt sich um die medizinische Doktorprüfung von
    Jüngers zweitem Sohn (1934–1993).
Reichssicherheitshauptamt ... Zusammenstöße mit dieser Behörde: In »Jahre der Okkupati-
    on« (1958) berichtet Jünger, dass er nach Beginn des Eroberungskriegs gegen
    Frankreich im Jahr 1939, an dem er als Offizier der Wehrmacht teilnahm,
    bei einem Fronturlaub von zwei Beamten der Gestapo aufgesucht wurde, die
    ihn über Ernst Niekisch befragten (SW 3, 524–528; vgl. Kommentar zu B 21).
    Das Reichssicherheitshauptamt (RSHA), zu dem seit 1939 die Gestapo gehör-
    te, war als Zentralbehörde der Sicherheitspolizei und des Sicherheitsdienstes
    der SS auch verantwortlich für Deportationen und Massenmorde von Juden in
    Deutschland und den besetzten Ländern.

38
Hs. Brief
Siedler ... Exposé: Es handelt sich vermutlich um den geplanten Band »Weltge-
    schichte des Judentums« im Propyläen-Verlag (vgl. B 35). In Wulfs Nachlass
    befindet sich ein Exposé mit dem Titel »Weltgeschichte des Jüdischen Volkes«
    von 1964 (ZA). Das Projekt wurde nicht realisiert (vgl. B 43).

39
Klappkarte mit Bild (Kathedrale von Chartres)

40
Kunstpostkarte (Schwertlilie mit Schmetterling, chinesischer Farbholzschnitt)

41
»Theater und Film im Dritten Reich«: Das Buch ist kurz zuvor erschienen.
Barts und Kattes: Vgl. Kommentare zu B 17 und 31.

42
Kunstpostkarte (Zwei schwimmende Enten, chinesischer Farbholzschnitt)

43

Helmut Gollwitzer: Der evangelische Theologe und Schriftsteller (1908–1993) war
seit 1934 Mitglied der »Bekennenden Kirche« und erhielt Anfang der vierziger
Jahre nach mehreren Verhaftungen Redeverbot. 1950 wurde er Professor für
Theologie an der Universität Bonn, 1957 an der Freien Universität Berlin. Seit
den fünfziger Jahren engagierte er sich in der Anti-Kriegsbewegung und war
mit vielen Protagonisten der linken Bewegung in der Bundesrepublik befreundet.

44

Sie und Carl Schmitt: Jünger pflegte mit dem Staats- und Völkerrechtler (1888–1985),
der vielbeachtete Bücher publizierte, bis zu dessen Tod engen Kontakt; dazu
gehören gegenseitige Besuche und eine umfangreiche Korrespondenz, in die
auch seine Frau Gretha einbezogen war (vgl. Jünger/Schmitt, Briefe; Jünger/
Schmitt, Briefwechsel). Nach der Machtergreifung Hitlers wurde Schmitt
Preußischer Staatsrat und lehrte bis 1945 als Professor an der Universität Berlin.
Er arbeitete an mehreren NS-Gesetzen mit, wurde aber 1936 durch Interventionen der SS kaltgestellt. Nach Ende des Krieges verlor er seine Professur und
lebte bis zu seinem Tod in Plettenberg im Sauerland.

»Der Fall Niekisch« von Joseph E. Drexel: Drexel (1896–1976) war mit Ernst Niekisch seit
den späten zwanziger Jahren befreundet. In seinem Buch »Der Fall Niekisch.
Eine Dokumentation« (1964) schildert er den – weitgehend vergeblichen –
Kampf, den Niekisch vor Gerichten der Bundesrepublik Deutschland um Wiedergutmachung wegen seiner gesundheitlichen Schäden nach einer Verurteilung zu lebenslanger Haft im Jahr 1939 führte (vgl. Kommentar zu B 21).

45
Ansichtskarte (Rhodos)

48

Ich übersende Ihnen … 3 Anlagen: Es handelt sich um folgende Dokumente: 1. W. E.
von Lewinski, Mozart auf germanisch. In: Christ und Welt vom 6. Oktober
1963 (Rezension zu Wulfs Buch »Musik im Dritten Reich«); 2. Armin Mohler,
Einbahnstraße in die Vergangenheit. Über Irrwege der Geschichtsbetrachtung.
In: Christ und Welt vom 17. Juli 1964 (Replik auf die Besprechung von Lewinski); 3. Durchschlag des Briefes von Joseph Wulf an Armin Mohler vom
20. Juli 1964. – Lewinski schreibt u. a.: »Ich muß sagen, in den letzten Jahren
kein Buch gelesen zu haben, das mich so erschütterte und bewegte wie diese
Dokumentation«. Vgl. zu Mohlers Artikel Nachwort, S. 153f. In seinem ersten
Brief vom 20. Juli 1964, der dem Brief an Jünger in Kopie beigelegt war, ver-
wahrte sich Wulf gegen den Vorwurf, dass er von der Kritik geschont werde,
da er Jude und Auschwitz-Überlebender sei. Am Schluss heißt es: »… warum

musste eigentlich ein Jude, der im KZ war und dazu ein Aussenseiter nach 20 Jahren erst das Thema Musik im Dritten Reich aufgreifen?« Vgl. Kommentare zu B 51 und B 120.

49
Hs. Brief
Mit Herrn A. Mohler habe ich seit Jahren keine Verbindung mehr: Vgl. Kommentar zu B 91.
Heinz Ludwig Arnold: Vgl. Kommentar zu B 17.

50
Masch. Postkarte
Durchschlag Ihres interessanten Briefes an Herrn Mohler: Es handelt sich um die Antwort Wulfs auf die Antwort von Mohler vom 24. Juli 1964 (vgl. Kommentar zu B 52).

51
Hermann Glaser ... die Antwort auf Armin Mohler: Der Beitrag, eine Kritik an Mohlers Artikel vom 17. Juli 1964, erschien am 4. September 1964 in »Christ und Welt« unter dem Titel »Rückkehr zum Historismus«.

52
die Schweizer in der Hinsicht vornähmen: Jünger bezieht sich hier auf Wulfs Antwort vom 24. Juli 1964 auf Mohlers Brief vom 23. Juli (vgl. Kommentar zu B 48). Hier heißt es: »Nun schreiben Sie, Sie seien Schweizer Bürger, ›also Bürger eines Staates, der keine Juden umgebracht, sondern im Gegenteil Tausenden von Juden das Leben gerettet hat‹. Was ich hier weiter schreibe, hat selbstverständlich mit Ihnen nichts gemein. Aber zur Sache selbst. [...] Ich habe Dokumente (ohne Anführungsstriche), die feststellen, wie Schweizer Behörden verhindert haben, dass sich Juden in die Schweiz retteten und wie hundsmiserabel jüdische Flüchtlinge in der Schweiz behandelt worden sind.«
mein Buch »Der Arbeiter« im Herbst 1932 durch den »Völkischen Beobachter« begrüßt: Vgl. Thilo von Trotha, Das endlose dialektische Gespräch, in: Völkischer Beobachter, Reichsausgabe, Nr. 296 vom 22. Oktober 1932, 2. Beiblatt. Im sechsten, 1964 erschienenen Band seiner zehnbändigen Ausgabe der »Werke« (1960–1965) hat Jünger Erweiterungen zum »Arbeiter« unter dem Titel »Maxima – Minima. Adnoten zum ›Arbeiter‹« aufgenommen (SW 8, 320–387). Vermutlich war er bei der Vorbereitung auf die Besprechung gestoßen.

53
Brief mit hs. Zusatz von Jünger über dem Briefkopf: »erl. (Salzburg 19.9.64 FJ)«.
Ich schreibe nämlich die »Geschichte der SS«: In Wulfs Nachlass befindet sich ein Briefwechsel mit der Redaktion des »Spiegel« zu einer Artikelserie, doch wurde das

Manuskript wegen »eklatanter Mängel« 1965 abgelehnt (vgl. Kempter, Joseph
Wulf, S. 213ff). Wulf hat das Manuskript bearbeitet; 1970 erschien auf Französisch eine entsprechende Darstellung unter dem Titel »L'industrie de l'horreur«. Sie wird auch in anderen Briefen an Jünger erwähnt. Vgl. B 76.

Jahrgang 1950 des »Spiegel« … eine köstliche Story über Sie: Anonym, Jünger – Der Traum
von der Technik. In: Der Spiegel, Nr. 4 vom 26. Januar 1950, S. 37–40. Auf
dem Umschlag findet sich ein Porträt von Jünger mit der Bildunterschrift:
»Dreißigtausend Käfer. Ernst Jünger, Jäger und Capitano«. Vermutlich wurde
der Beitrag vom Gründer und damaligen Herausgeber der Zeitschrift, Rudolf
Augstein, verfasst, der Jünger zuvor in seinem damaligen Wohnort Ravensburg
besucht hatte (vgl. Augsteins Brief an Jünger vom 26. Januar 1950 in: Schött-
ker/Hübner (Hg.), Autoren schreiben Ernst Jünger, S. 45).

54

Ansichtskarte (Salzburg); Zusatz über Datum: »Auf der Fahrt nach Graz«
Dr. des Coudres: Vgl. Kommentar zu B 29.

55

Ansichtskarte (Oberförsterei Wilflingen); vgl. Abb. 3
die Gedicht-Sammlung: Wulfs Buch »Yiddish-Gedichte aus den Ghettos 1939–1945«
erschien 1964 (vgl. Literaturverzeichnis). Zu Beginn findet sich die Widmung:
»Meinen in Vernichtungslagern des Dritten Reiches ermordeten Eltern und
Geschwistern als Grabstein«.

58

erfuhr von Ihrem Anruf: Anlass war die Verleihung der Carl-von-Ossietzky-Medaille
an Wulf. Im Nachlass Jüngers (Konvolut des Briefwechsels mit Wulf) findet
sich die Einladung zur Veranstaltung »50 Jahre Kampf für die Menschenrechte
1914–1964«, bei der dem »Schriftsteller und Historiker JOSEF WULF« am 10.
Dezember 1964 die Medaille verliehen wurde. Auf dem Deckblatt findet sich
die hs. Notiz Jüngers: »gratuliert teleph. am 9.12.1964 EJ«. Vgl. B 59.

59

Kunstpostkarte (Schlangenkaktus)

60

Klappkarte (Darstellung der Geburt Christi, Glasfenster von Louis Barillet,
Basilika von Blois)

61

Ihre Beilage: Vgl. B 62 und 63 sowie die jeweiligen Kommentare.

62

»*Le Journal inedit d'Ernst Junger (1945)*«: Die Zeitschrift »Le Figaro Littéraire« veröffentlichte einen Vorabdruck aus der zweiten Übersetzung der »Strahlungen«. Die erste Übersetzung ist 1953 in zwei Bänden bei René Julliard in Paris erschienen (vgl. Mühleisen, Bibliographie, Nr. 882), die zweite 1965 im selben Pariser Verlag in einem Band (vgl. Mühleisen, Bibliographie, Nr. 906). Vgl. B 63.

63

Jesaja 1, 8: »Die Tochter Zion ist übrig gelassen wie eine Hütte im Weinberg, wie ein Schutzdach für die Nacht im Gurkenfeld, wie eine belagerte Stadt.«

Hitler nur am Rande, doch nicht aus demselben Grunde wie Karl Kraus: Die von Jünger verwendete Formulierung »Über Hitler fällt mir nichts ein«, die in mehreren Varianten immer wieder zitiert und interpretiert wurde, hat eine komplizierte Vorgeschichte: Im Jahr 1933 ließ Kraus (1873–1936) nur ein sehr kurzes Heft seiner viel gelesenen Zeitschrift »Die Fackel« erscheinen (Nr. 888 im Oktober). Es enthielt zwei Texte: eine Rede zum Tod von Adolf Loos und das Gedicht »Man frage nicht«. Das Gedicht endet mit der Zeile: »Das Wort entschlief, als jene Welt erwachte«. Dazu gab es in der Presse Reaktionen, aus denen Kraus unter der Überschrift »Nachrufe auf Karl Kraus« in einem weiteren Heft der »Fackel« (Nr. 889 im Juli 1934) Zitate zusammenstellte. Wenig später erschien ein Heft mit dem Titel »Warum die Fackel nicht erscheint« (Nr. 890–905). Kraus zitiert hier aus einer umfangreichen Abhandlung mit dem Titel »Die dritte Walpurgisnacht«, in dem er die Machtübernahme Hitlers behandelt; doch ist sie von ihm nicht veröffentlicht worden (1952 aus dem Nachlass erschienen). Am Anfang der Abhandlung sollte, wie Kraus im letzten Heft der »Fackel« schrieb, der Satz stehen: »Mir fällt zu Hitler nichts ein«.

Margret Boveri, die im »Verrat«: Jünger unterhielt mit der Publizistin (1900–1975) einen Briefwechsel (vgl. Boveri/Jünger, Briefwechsel). Sie arbeitete seit 1934 für das »Berliner Tageblatt« und seit 1940 für die »Frankfurter Zeitung« in New York, wo sie 1941 interniert wurde. 1942 gelangte sie wieder nach Europa, arbeitete in Lissabon und Madrid und kehrte 1944 nach Berlin zurück. Nach Kriegsende arbeitete sie als freie Autorin und veröffentlichte ihr vierbändiges Hauptwerk »Der Verrat im 20. Jahrhundert« (1956–1960). Vgl. B 64.

64

die Rektoratsrede von Martin Heidegger 1933: Im April 1933 wurde der Philosoph (1889–1976) zum Rektor der Universität Freiburg gewählt, am 1. Mai trat er in die NSDAP ein, Ende Mai hielt er eine Antrittsrede mit dem Titel »Die Selbstbehauptung der deutschen Universität«, in der er sich zu einem geistigen Führerprinzip bekannte, ohne Hitler und den Nationalsozialismus zu erwähnen. Ein Jahr später trat er von seinem Amt zurück, blieb aber Universitätsprofessor. Anfang September 1946 wurde Heidegger die Lehrbefugnis entzogen (das Verbot endete 1951 mit der Emeritierung). Heideggers Nähe zum Nationalsozialismus wurde in vielen Publikationen diskutiert, nachdem 1982 eine Neuausgabe der Rektoratsrede erschienen war (vgl. Ott, Martin Heidegger). Seit 1949 standen Heidegger und Jünger in brieflichem Kontakt (vgl. Jünger/Heidegger, Briefe).

65

Brief mit einem aufgeklebten Artikel über Jünger aus »Figaro Littéraire« vom 24. Dezember 1964 mit der Überschrift »La gestapo chez une grand écrivain«.

Ernst Boehringer: Das 1885 von Albert Boehringer gegründete Pharmaunternehmen Boehringer Ingelheim wurde nach dessen Tod 1939 von seinen Söhnen übernommen. Einer der beiden, Ernst Boehringer (1896–1965), war mit Jünger bekannt. Er war im Ersten Weltkrieg Soldat, trat 1933 in die SA und 1936 in die NSDAP ein, distanzierte sich aber privat vom NS-Regime und half jüdischen Verfolgten. Anfang der 1960er Jahre finanzierte er die Bände »Bäume« und »Steine« mit Fotografien von Albert Renger-Patzsch (1897–1996), zu denen Jünger Essays beisteuerte (Mühleisen, Bibliographie, Nr. 510 und 532).

66

Martin Heidegger: vgl. Kommentar zu B 64.

Kardinal Pierre-Marie Gerlier: Der Theologe (1880–1965) schloss sich 1942 im unbesetzten Teil Frankreichs dem Widerstand gegen die Judendeportationen an.

67

eine Einladung Hamburger Freunde nach Wilsede: Es handelt sich vermutlich um Alfred Toepfer (vgl. Nachwort, S. 159f.).

wenn ich mich mit zukünftigen Dingen, wie etwa dem Weltstaat, beschäftige: Jüngers Schrift »Der Weltstaat« ist 1960 erschienen, doch hat er das Thema auch in anderen Büchern wie »Der gordische Knoten« (1953) und »An der Zeitmauer« (1959) behandelt.

68

Manès Sperber: Der Schriftsteller jüdisch-galizischer Herkunft (1905–1984) hat zahlreiche Romane und Essays verfasst. Er vertrat Alfred Adlers Lehre der Individualpsychologie, lebte seit 1927 als Mitglied der KPD in Berlin und emigrierte 1933 nach Paris, wo er sich vom Kommunismus lossagte. 1940 ging er in die Schweiz und 1945 wieder nach Paris. Vgl. B 69 und 70.

Sonderheft zu Ihrem 70. Geburtstag: Antaios 6 (1965), H. 5/6. Das im März erschienene Heft der von Jünger und Mircea Eliade herausgegebenen Zeitschrift enthält knapp 30 Beiträge zu Jünger und den Themen seines Werkes von Freunden und Vertrauten des Autors (vgl. Kommentar zu B 70).

Anlage: Es handelt sich um die Kopie eines Artikels von Franz-Josef Neuß, Im Zen-

trum der Gewalt, in: Stuttgarter Zeitung vom 30. Januar 1965 (Rezension des
Buches von Jacques Delarue, Geschichte der Gestapo. Düsseldorf 1964). Der
Artikel befindet sich in Jüngers Nachlass.

69

»Le Monde« ... die beigefügte Besprechung: Nicht im Nachlass Jüngers.

70

Von den beiden Festschriften: Das Sonderheft der Zeitschrift »Antaios« (vgl. B 68) erschien unter dem Titel »Farbige Säume« als Buch.

Herr Sperber ... bei einem nächsten Pariser Aufenthalt: Über ein Treffen, das im folgenden
Brief von Wulf empfohlen wird (B 71), ist nichts bekannt.

72

»Welt am Sonntag« ... Aufsatz von H. G. v. Studniz [richtig: Studnitz]: Nicht im Nachlass.
Hans-Georg von Studnitz (1907–1993) arbeitete während des Zweiten Weltkriegs in der Presseabteilung des Auswärtigen Amtes, nach 1945 für verschiedene Zeitungen und seit 1961 als stellvertretender Chefredakteur von »Christ
und Welt« (vgl. Asmussen, Hans-Georg von Studnitz).

73

Brief mit hs. Notiz.

74

Ansichtskarte (Suez, Hafen)

Reise, die noch drei Monate dauern wird: Jünger und seine Frau machten von Juni bis Oktober eine Reise nach Ostasien mit Stationen in Malaysia, Sumatra, Singapur,
Hongkong, Tokio, Formosa und Ceylon (vgl. Jüngers Tagebuch-Eintragungen
im ersten, 1980 erschienenen Band von »Siebzig verweht«).

75

Ansichtskarte (Schlangentempel in Penang)

76

Auf der Durchschrift befindet sich der hs. Vermerk »Kopie an Gaus« sowie die
hs. Notiz »Jünger-Anruf 13.10.65 Antwort kommt«.

Dokumentarfilm mit dem Titel »Waffen-SS – Legende und Wirklichkeit«: Im Nachlass von Wulf
befindet sich ein Briefwechsel mit Hanns Werner Schwarze (1924–1991) vom
Berliner Studio des ZDF sowie ein Exposé zu einer Fernsehsendung. Das Projekt wurde nicht verwirklicht (Kempter, Joseph Wulf, S. 216).

Ihr Gespräch mit Herrn Dr. Curt Hohoff in der »FAZ«: Curt Hohoff, Jeden Satz noch einmal
Revue passieren lassen. Gespräch mit Ernst Jünger, in: Frankfurter Allgemeine

Zeitung, Nr. 181 vom 7. August 1965 (Beilage Bilder und Zeiten, S. II). Nachdruck unter dem Titel »Interview Ernst Jünger« in: Curt Hohoff, Gegen die
Zeit. Theologie, Literatur, Politik. Stuttgart 1970, S. 92–103. – Curt Hohoff verfasste auch das Nachwort zu Ernst Jüngers Band »Ausgewählte Erzählungen«
(1975, Neuausgabe 1985).

einige Bücher von Hohoff: Curt Hohoff (1913–2010) arbeitete seit 1949 als freier Schriftsteller und hat Erzählungen, Romane und Werke zur deutschen Literatur veröffentlicht.

Günter Gaus … Fernseh-Reihe »Zur Person«: Der Journalist, Publizist und spätere Politiker
Gaus (1929–2004) befragte in seiner Sendung »Zur Person«, die 1963 erstmals
vom ZDF ausgestrahlt und bis zur Einstellung 2004 von verschiedenen Sen-
deanstalten weitergeführt wurde, bekannte Persönlichkeiten. Vgl. auch B 77.

Zeitschrift der ehemaligen Waffen-SS »Der Freiwillige« … über Sie zwei Aufsätze: Nicht ermittelt.

auch in »Nation Europa«: Fides [Pseudonym], Ernst Jünger. In: Nation Europa 9 (1959),
H. 9, S. 53–56. Es handelt sich um einen Besprechung von Jüngers Tagebuch
»Jahre der Okkupation« (1959), die auf das Gesamtwerk eingeht. Dort heißt es
u. a.: »Die künstlerische Form des Tagebuchs ist ohne Makel. Der Inhalt zeigt,
daß Ernst Jünger sich selbst und seinem Vaterland immerhin die Treue gewahrt
hat« (S. 53).

77

Auf der Durchschrift des Briefes findet sich der hs. Zusatz »Kopie an Gaus«.

78

zwei Briefe und einen Sonderdruck: In einem der beiden Schreiben bedankte sich Hilde
Langer-Rühl, Professorin für Atem- und Stimmkunde an der Universität Wien,
für die Übersendung von Jüngers Schrift »Der Friede«, die seit 1945 in unterschiedlichen Ausgaben gedruckt wurde (Mühleisen, Bibliographie, Nr. 47)
und 1965 als »Privatdruck« im Ernst Klett Verlag erschien (ebd. 132); Jünger
antwortete darauf in einem Brief vom 22. Oktober 1965 (Kopien beider Briefe
in Wulfs Nachlass). Bei dem »Sonderdruck« handelt es sich möglicherweise
um den Durchschlag eines Vortrags zur »seelischen Brüchigkeit«, den sie Jünger übersandte.

79

Kopie eines Briefes an Herrn Hoppe: In dem Schreiben von Wulf an den WDR-Redakteur
August Hoppe vom 30. Oktober 1965 geht es u. a. um Jüngers Absage zur Mit-
wirkung an der geplanten »Dokumentation über die Handlungen der Roten
Armee in Schlesien Januar–Februar 1945« (in Jüngers Nachlass).

80

Auf dem Durchschlag findet sich der Vermerk »Kopie an Strübel«. Gustav Strübel
    war Abteilungsleiter beim Süddeutschen Rundfunk (SDR) und wollte Wulf als
    Berater für die Fernseh-Reihe »Zeitgeschichte vor Gericht« verpflichten, doch
    lehnte dieser das Angebot wegen eines besseren vom Südwestdeutschen Rund-
    funk (SWR) ab (vgl. Kempter, Joseph Wulf, S. 294ff.).

eine Mappe Jünger: Die Unterlagen finden sich im Nachlass von Wulf.

Wolfram Sievers: Der gelernte Buchhändler (1905–1948) war seit Ende der zwanzi-
    ger Jahre Mitglied der NSDAP und seit 1935 Geschäftsführer der nationalsozi-
    alistischen »Forschungsgemeinschaft Deutsches Ahnenerbe«. 1943 wurde er
    stellvertretender Leiter des Beirats des Reichsforschungsrates und war in dieser
    Funktion mitverantwortlich für zahlreiche Menschenversuche und KZ-Morde.
    Im August 1947 wurde er im Nürnberger Ärzteprozess als Kriegsverbrecher
    zum Tode verurteilt und 1948 hingerichtet.

mit Hielscher Kontakt aufnehmen … mit einem Brief an Hielscher einführen: Jüngers Brief
    stammt vom 14. November 1965 (vgl. Jünger/Hielscher, Briefe, S. 290). Jünger
    nahm den Text in den ersten Band seiner Tagebücher »Siebzig verweht« auf,
    fälschlicherweise unter dem Datum vom 20. Oktober 1965 (SW 4, 216).

Hielschers »50 Jahre unter Deutschen«: Das Buch erschien 1954 im Rowohlt-Verlag.

83

Kunstpostkarte (»Die Anbetung der heiligen drei Könige« von Bernardino Luini)

84

Hs. Brief

85

Ansichtskarte (Rottweiler Narrensprung)

Rowohlt-Ausgabe von »Literatur und Dichtung«: Der Nachdruck ist im selben Jahr erschie-
    nen.

Benn … zu schlecht in Ihrer Beurteilung: Vgl. den folgenden Brief und den Kommentar
    zu B 31. Jünger korrespondierte mehrere Jahre mit Benn und besuchte ihn im
    Mai 1952 in Berlin (vgl. Benn/Jünger, Briefwechsel).

86

ohne meine Arbeit für den Rundfunk: Vgl. Nachwort, S. 151.

Heidegger (Rektoratsrede 1933): Vgl. Kommentar zu B 64.

87

Willrich und seinen Vernichtungsfeldzug gegen Benn: Der Künstler und Schriftsteller Wolf-
    gang Willrich (1897–1948) war einer der führenden Vertreter der NS-Kunst-
    politik. 1937 erschien seine Schrift »Säuberung des deutschen Kunsttempels«,

die Grundlage der Ausstellung »Entartete Kunst« war und sich auch gegen Gottfried Benn richtete. Vgl. Kommentar zu B 31.

Verleumdungskampagne eines Will Vesper … Sein Sohn setzte das noch unlängst in der »Soldatenzeitung« fort: Vgl. Kommentar zu B 26.

Todesurteil, das jetzt in der Ostzone gegen einen KZ-Arzt: Es handelt sich um den Arzt Horst Fischer (1912–1966), der sich am 1. November 1933 als Medizinstudent der SS angeschlossen hatte und am 1. Mai 1937 Mitglied der NSDAP wurde. Nach Tätigkeiten als Truppenarzt der Waffen-SS in Dachau und der Wehrmacht beim Überfall auf die Sowjetunion wurde er im November 1942 ins Konzentrationslager Auschwitz versetzt. Von Herbst 1943 bis September 1944 war er als SS-Hauptsturmführer Lagerarzt im KZ Auschwitz III, wo er Häftlinge »selektierte«. Personen, die er als »arbeitsunfähig« einstufte, wurden im Lager Birkenau ermordet. Nach Kriegsende führte er in der DDR eine bürgerliche Existenz, wurde aber nach Erwähnung seines Namens im Frankfurter Auschwitz-Prozess vom Ministerium für Staatssicherheit beobachtet und im Juni 1965 verhaftet. Am 10. März 1966 wurde vor dem Obersten Gericht der DDR der Prozess gegen ihn eröffnet, der mit einem Todesurteil endete (verkündet am 25. März). Am 8. Juli wurde Fischer in Leipzig hingerichtet (vgl. Jasch/Kaiser, Der Holocaust, S. 153–158).

der ganze westliche Auschwitz-Prozeß: Von Dezember 1963 bis August 1965 fand vor dem Frankfurter Landgericht der erste Frankfurter Auschwitz-Prozess statt. Angeklagt waren 20 Angehörige der Lager-SS in Auschwitz, die insgesamt aus etwa 8.000 Personen bestand. Über 200 Häftlinge, die das Lager überlebt hatten, wurden als Zeugen gehört. Drei Angeklagte wurden freigesprochen, zehn Angeklagte zu Haftstrafen zwischen 3 bis 14 Jahren und sechs Angeklagte zu lebenslangen Haftstrafen verurteilt. Der zweite Frankfurter Auschwitz-Prozess dauerte von Mitte Dezember 1965 bis Mitte September 1966, der dritte von Ende August 1967 bis Mitte Juni 1968 (vgl. Jasch/Kaiser, Der Holocaust, S. 142–153, und Wojak [Hg.], Auschwitz-Prozeß).

Das Stück von Hochhuth: In seinem ersten Drama »Der Stellvertreter« beschäftigt sich der Schriftsteller Rolf Hochhuth (geb. 1931) mit der Weigerung von Papst Pius XII., gegen Hitler und den Holocaust Stellung zu beziehen. Das 1963 bei Rowohlt als Buch erschienene Stück wurde am 20. Februar 1963 im Theater am Kurfürstendamm in Berlin in der Regie von Erwin Piscator uraufgeführt und hatte internationale Wirkung. Eineinhalb Jahre später, am 3. Dezember 1967, schrieb Wulf aus Anlass der Aufführung von Hochhuths Stück »Die Soldaten« an diesen einen Brief, in dem er zugleich weitere Themen ansprach. Eine Kopie schickte er an Jünger, der darauf hs. »betr. auch Wirsing« notierte (DLA; vgl. Kommentar zu B 120).

Conrad Gröber, Erzbischhof von Freiburg: Vgl. B 88.

88

Arbeit für das Fernsehen übernommen … »Die Geschichte der Wehrmacht«: In Wulfs Nachlass existiert dazu eine umfangreiche Materialsammlung; das Projekt wurde nicht verwirklicht. Wulf entwickelte daraus 1969 ein Buch, das publiziert wurde (vgl. Kommentar zu B 140).

ich hörte Sie gestern im Fernsehen: Walter Schmieding sprach mit Ernst Jünger im Rahmen der ZDF-Sendung »Kulturmagazin«. Es handelt sich um den ersten Fernseh-Auftritt Jüngers (vgl. Mühleisen, Bibliographie, Nr. 815).

89

Wilhelm Ihde … meine Antwort: Der Brief von Ihdes Sohn Axel vom 12. Juni 1966 und Wulfs Antwort vom 14. Juni 1966 befinden sich jeweils im Nachlass von Wulf (ZA) und von Jünger (DLA). Die Schreiben beziehen sich auf eine Äußerung in Wulfs Buch »Literatur und Dichtung im Dritten Reich« (S. 134).

90

Benoist-Méchin: Jünger lernte den Politiker und Historiker Jacques Benoist-Méchin (1901–1983) Anfang der 1940er Jahre in Paris kennen (vgl. SW 2, 373). Er arbeitete seit 1941 mit den deutschen Besatzungsbehörden und der Vichy-Regierung zusammen. 1944 wurde er wegen Kollaboration mit den Deutschen verhaftet und 1947 zum Tode verurteilt (umgewandelt in Zwangsarbeit). Sein Buch »Histoire de l'armee allemande« erschien in zwei Bänden 1936 und 1938. Jünger erwähnt die 1939 erschienene deutsche Ausgabe des ersten Bandes am 30. Oktober 1943 in seinen Tagebüchern (SW 3, 185). Benoist-Méchin veröffentlichte seit den 1950er Jahren zahlreiche Werke, nicht aber einen weiteren Band seiner Armee-Geschichte. Vgl. B 91.

91

dieselben Wurzeln wie der eines Armin Mohler: Vgl. Nachwort, S. 153f.

92

Herrn Fritsch an Sie verwiesen: Der Maler Otto Ernst Fritsch (1908 – etwa 1979) wurde 1943 von der Gestapo verhaftet und als »Judenfreund« eingestuft (vgl. Fraenkel/Borut [Hg.], Lexikon der Gerechten, S. 11f.). Jünger hatte ihn mit seinem Anliegen auf Wiedergutmachung im Februar 1966 an Wulf verwiesen.

wieder einmal mit der »Affaire« beschäftigt: Vgl. B 90.

94

Lloyd George: David Lloyd George (1863–1945) war von 1916–1922 britischer Premierminister und in dieser Funktion als einer der »Großen Vier« Teilnehmer an der Pariser Friedenskonferenz von 1919.

95
meinem *Auschwitz oder meiner ermordeten Familie*: Vgl. Nachwort.

96
in etlichen *Wochen nach Angola*: Jünger war dort von Oktober bis Dezember.

98
Urlaub machen ... Ich denke da an Wilflingen: Vgl. B 100 und 101.

99
Ansichtskarte (das portugiesische Passagierschiff »Principe Perfeito«)

101
Hs. Brief
Kleber-Post: Vgl. Kommentar zu B 5.

103
Kunstpostkarte (»Manets Mutter im Garten von Bellevue« von Edouard Manet)

104
weil dieses Institut mein Lebenswerk werden soll: Vgl. Nachwort, S. 154f.

105
Kunstpostkarte (Pfirsichblüten, chinesischer Farbholzschnitt)

107
übersende ich Ihnen meine Fotos: Diese waren bei einem Treffen in Berlin im März 1967
    entstanden, bei dem auch Jüngers Sohn Alexander dabei war; er bedankte sich
    bei Wulf in einem hs. Brief am 9. April 1967 (in Jüngers Nachlass). Möglicher-
    weise handelt es sich um die Fotos der Abb. 5 und 6.
Charles Orengo: Der Journalist und Verleger (1913–1974) gründete 1943 in Monaco
    den Verlag Éditions du Rocher; später arbeitete er für den Verlag Plon. Über die
    Verbindung zu Jünger ist nichts bekannt.
Fräulein Böhme: Wulfs Sekretärin (vgl. B 158).

108
Lichtbilder, die gut geraten sind: Vgl. Kommentar zu B 107.
Bilder der Wilflinger Geburtstagsfeier: Die beiden Fotos des Riedlinger Studios Schwar-
    zer von Jüngers Geburtstag am 29. März befinden sich in Wulfs Nachlass. Das
    erste trägt den hs. Vermerk Jüngers: »29. 3. 1965 Wilflingen: E. J., Gen. Speidel,
    Landrat Maier«; das zweite Jüngers hs. Vermerk: »Wilflingen 29. 3. 1965 Gra-
    tulation der Bürgerwehr Saulgau«.

111
Kunstpostkarte (Pinie)

113
Kunstpostkarte (»Jahrmarkt auf der Esplanade Des Invalides« von Hector Trotin);
    Abb. 4

114
Ansichtskarte (Qumran, Israel)

115
Kunstpostkarte (wie B 113)
Empfang Ihres Briefes an Dr. Hagen: Am 3. November 1967 schrieb Wulf als Direktor
    des Internationalen Dokumentationszentrums zur Erforschung des National-
    sozialismus und seiner Folgeerscheinungen e.V. an Wilhelm Hagen, der einen
    Prozess gegen ihn führte (vgl. Kommentar zu B 32). Die Kopie des Briefes be-
    findet in Jüngers Nachlass.

116
Kunstpostkarte (»Marktleben« von August Macke)
Ich gratuliere!: Jünger bezieht sich hier auf ein Telegramm von Camillo Bassotto
    (Leiter der Presse- und Dokumentationsabteilung des Internationalen Filmfes-
    tivals Venedig) vom 25. September 1967 an Wulf, in dem ihm der Preis »Pla-
    que Lion de Saint Marc« für sein Buch »Theater und Film im Dritten Reich«
    zugesprochen wird (in der Rowohlt-Ausgabe von 1966). Eine Kopie des Schrei-
    bens sandte Wulf an Jünger mit dem hs. Zusatz »Lieber Herr Jünger, Herzliche
    Grüsse von Haus zu Haus stets Ihr J Wulf«.

117
Kunstpostkarte (»Cup in Nautilus Form«)

118
ein Vierteljahr lang in Rom: Jünger war von Ende März bis Ende Mai Ehrengast der
    Villa Massimo.

119
Hs. Aerogramm

120
Hs. Brief (vgl. B 121)
die Seite von der Zeit, wo ich in den »Leserbriefen« zu Ihrer Person: Wulfs Leserbrief zu Jünger
    erschien unter dem Titel »Warten auf Wirsing« in Die Zeit vom 19. Juli 1968.

Er bezieht sich auf den Artikel von Horst Krüger, Waren alle Nazis? In: Die Zeit,
Nr. 27 vom 5. Juli 1968. Giselher Wirsing (1907–1975) war nach 1933 Mitarbeiter des Sicherheitsdienstes, dem Nachrichtendienst der NSDAP, und von
1954 bis 1970 Chefredakteur der Wochenzeitung »Christ und Welt«, in der
Mohler 1964 einen Angriff gegen Wulf publizierte (vgl. Kommentar zu B 48).

121
Hs. Brief (vgl. Abb. 8)

122
Briefwechsel … mit der Zeitschrift »Der Spiegel«: Der Briefwechsel ist in Jüngers Nachlass
    und in Wulfs Nachlass in Kopie vorhanden: In einem Schreiben vom 28. Juni
    1968 bat der »Spiegel«-Redakteur Rolf Becker Jünger um eine Besprechung der
    »Anti-Memoiren« von André Malraux in der Übersetzung von Carlo Schmid.
    Jünger sagte in einem Schreiben vom 15. Juli 1968 ab, da er mit dem »eigenen
    Pensum kaum nachkomme«, und empfahl den Romanisten Gustav René Ho-
    cke (1908–1985), mit dem er seit 1940 Kontakt hatte (vgl. Schöttker/Hübner,
    Autoren schreiben Ernst Jünger, S. 121f.).
Golo Mann in Ihrem Kuratorium: Der Historiker und Schriftsteller (1909–1994), der
    1958 aus den USA in die Schweiz zurückkehrte und von 1960 bis 1964 Pro-
    fessor für Politische Wissenschaften in Stuttgart war, hat mit Jünger zwischen
    1951 und 1980 mehrere Briefe gewechselt, einige seiner Bücher rezensiert (vgl.
    Riedel, Nr. 384) und ihn 1952 in Wilflingen besucht (vgl. Lahme, Golo Mann,
    S. 109–113). In Jüngers Tagebüchern »Siebzig verweht« wird er mehrfach er-
    wähnt.
auf dem Sprung nach Island: Jünger war hier von Ende Juli bis Mitte August zusammen
    mit seinem Bruder und der Familie seines Verlegers Ernst Klett.

123
Klappkarte

124
Kunstpostkarte (»Orange« von P. J. F. Turpin)

126
Kunstpostkarte (Etruskisches Wandbild aus Tarquinia)

127
Kunstpostkarte (Kaiser Justinianus von S. Vitalis, Ravenna)

128
Hs. Brief

wohlverdiente Ehrung: Zuvor hatte Wulf die Kopie eines Briefes vom Dekan der Freien
Universität Berlin vom 19. Januar 1970 an Wulf über den Beschluss der Fakul-
tät geschickt, ihm die »Würde eines Doktors der Philosophie honoris causa«
zu verleihen. Die Kopie enthält den hs. Zusatz: »Verbindliche Grüsse stets Ihr
J Wulf«.

129

Telegramm mit dem Zusatz (nicht Wulfs Hs.): »Beste Glückwünsche übersenden
Jenta und Joseph Wulf«
Glückwünsche: Es handelt sich um den 75. Geburtstag Jüngers am 29. März 1970.

130

Hs. Zusatz auf einem gedruckten Blatt, das Jünger nach seinem 75. Geburtstag an
Gratulanten schickte (zwei Abschnitte aus dem Band »Annäherungen. Drogen
und Rausch«, der im selben Jahr erschien)

131

Brief mit hs. Zusatz von Jünger (s. folgendes Schreiben)

132

Kunstpostkarte (Kleinschmetterling, Trachydora juengeri); Abb. 9 (vgl. B 134)
Was liegt eigentlich gegen Best vor: Werner Best (1903–1989) gehörte Ende der zwanziger und Anfang der dreißiger Jahre zu den nationalistischen Weggefährten
Jüngers. Seit 1933 bekleidete er hohe Positionen im NS-Staat: zunächst Stellvertreter Heydrichs bei der Gestapo, seit 1941 Leiter der Militärverwaltung im besetzten Frankreich, seit 1942 Reichsbevollmächtigter im besetzten Dänemark,
wo er 1948 wegen der Mitwirkung an Maßnahmen gegen die Bevölkerung
zu zwölfjähriger Haft verurteilt wurde (vgl. Herbert, Best. Biographische Studien). Jünger waren die Fakten seit 1970 (B 134) bekannt. 1974 schickte ihm
Wulf die SS-Akte, die seine Sekretärin Ursula Böhme nach dessen Tod zurück-
forderte (B 156 und 159). In den dritten, 1993 erschienenen Band von »Siebzig
verweht«, nahm Jünger unter dem Datum vom 31. Januar 1983 einen längeren
Briefwechsel mit Best auf (SW 20, 231–239). Vgl. B 134.
Leserkreis; ein Autor namens Schade: Horst Schade (1906–1982) war Berufsboxer und
mit einer Jüdin verheiratet; 1937 verließ er Deutschland und lebte seither in Jerusalem. 1949 veröffentlichte er im Zürcher Steinberg-Verlag den Roman »Ein
Engel war mit mir«.

133

Woldemar Klingelhöfer: Der Opernsänger und SS-Sturmbannführer, für den auch
der Vorname Waldemar verwendet wird (1900 – etwa 1980), wurde als Sohn
deutschstämmiger Eltern in Moskau geboren. Er war an der Ermordung von

Juden in den von der Wehrmacht besetzten Gebieten der Nordukraine und
Weißrusslands beteiligt. 1948 wurde er beim Nürnberger Kriegsverbrecher-
prozess zum Tode verurteilt. Das Urteil wurde in lebenslange Haft umgewandelt; 1956 wurde er entlassen (vgl. Klee, Das Personenlexikon, S. 312).

134
Schmetterlings-Karte, die Ihnen gewidmet ist: Vgl. B 132.
Werner Best: Vgl. Kommentar zu B 132.

135
Sonntagsbeilage der FAZ … »Besuch bei Gottfried Benn«: Der Vorabdruck aus dem Band
   »Annäherungen. Drogen und Rausch« (1970) erschien in: Frankfurter Allgemeine Zeitung, Nr. 223 vom 26.9.1970. Jünger spricht hier von einer »absurden
   Korrespondenz« zur Kritik an Benn im NS-Deutschland, die »zum Teil durch
   den unermüdlichen Joseph Wulf ausgegraben« worden sei (SW 11, 368). Jünger bezieht sich auf das Kapitel »Der Fall Gottfried Benn« in Wulfs »Literatur
   und Dichtung im Dritten Reich« (vgl. Kommentar zu B 31).

136
Hs. Blatt mit aufgeklebter Briefmarke (vom Umschlag abgelöst)

137
Kunstpostkarte (Grafik von Hanni Kowalcyk)

138
Hs. Brief

139
SS-Akte von Dr. Peter des Coudres: Vgl. Kommentar zu B 29.

140
Verleihung der Freiherr-vom-Stein-Medaille: Sie fand am 27. November 1970 in Bad Go-
   desberg statt.
ein Manuskript von mir: Es könnte sich um Wulfs Arbeit »Die Geschichte der Wehrmacht 1918–1945« handeln, von der 1969 eine erste Fassung entstand (Kempter, Joseph Wulf, S. 223f.).
Buchfestival in Nizza: Jünger war Mitglied der Jury für den »Aigle d'Or«. Er berichtet
   darüber im zweiten Band von »Siebzig verweht« (SW 5, 43–46).

142
Hs. Blatt mit zwei aufgeklebten Briefmarken (vom Umschlag abgelöst)

143
Brief mit hs. Zusatz von Jünger
als Sie meiner Frau die »Bäume« widmeten: Vgl. Nachwort, S. 157 und Abb. 10.

145
Sie schreiben, Sie kommen nach Berlin: Der Besuch fand im November oder Dezember 1973 statt, doch ist Näheres nicht bekannt. Im Juni 1974 schreibt Jünger an Wulf: »Ich hatte mir nach meinem Besuch bei Ihnen um Sie Sorgen gemacht und sehe nun, daß sie berechtigt waren« (B 147).

146
Brief mit hs. Vermerk von Jünger

147
nach meinem Besuch bei Ihnen: Vgl. Kommentar zu B 145.
einige Korrespondenten, darunter zwei, die oft von sich hören lassen: Vgl. B 132.

148
Nach der Durchschrift in Wulfs Nachlass (Original nicht in Jüngers Nachlass)
5 Bäume in Israel zu kaufen ... Anbei die Urkunde: Vgl. B 143 und Abb. 10.

149
zeitweiliges Exposé über mein Projekt: Wulf verfasste es im Juli 1974. Die Überschrift lautet »Tagebuch eines osteuropäischen Juden«. Es existieren mehrere Entwürfe in Wulfs Nachlass (vgl. Nachwort, S. 153).

152
Kopie des Briefes von Axel C. Springer an mich: Der Zeitungsverleger (1912–1985) bedankte sich in einem Brief vom 17. Juli 1974 für die »guten Wünsche anläßlich der Ehrung durch die Bar-Ilan Universität« und die »Übersendung der mir gewidmeten Werke«. Es handelt sich um Bücher Wulfs (Original des Briefes im Nachlass Wulfs, Kopie im Nachlass Jüngers).
Protest gegen das Urteil gegen Beate Klarsfeld: In der Tageszeitung »Die Welt« erschien am 17. Juli 1974 eine »Stellungnahme zu dem Urteil gegen Beate Klarsfeld vom 10. Juli 1974«, die von Wulf und anderen Personen unterzeichnet wurde. Klarsfeld (*1939) und ihr jüdisch-französischer Ehemann Serge Klarsfeld (s. u.) versuchten 1971 Kurt Lischka, den ehemaligen stellvertretenden Befehlshaber der Sicherheitspolizei und des SD in Frankreich, der dort in den siebziger Jahren in Abwesenheit zu lebenslangem Zuchthaus verurteilt wurde, aus Deutschland zu entführen. Doch schlug der Plan fehl und Beate Klarsfeld wurde dafür am 9. Juli 1974 von einem Kölner Gericht zu zwei Monaten Freiheitsstrafe ohne Bewährung verurteilt. Erst nach internationalen Interventionen und Protesten

wurde diese zur Bewährung ausgesetzt. Lischka wurde erst 1980 verurteilt (Kempter, Joseph Wulf, S. 378). Vgl. auch Kommentar zu B 156.

meines Briefes an den »Tagespiegel«: Der Leserbrief erschien am 21. Juli 1974. Hier heißt es zur Mordanklage gegen den früheren Gestapochef Hahn in Hamburg mit Bezug auf Wulfs Buch »Das Dritte Reich und seine Vollstrecker«, das 1961 erschienen ist: »Seit 1961 weiß die Hamburger Justiz, daß Dr. Ludwig Hahn, ehemaliger Kommandeur der Sicherheitspolizei und des SD in Warschau, einer der Hauptverantwortlichen ist für die Vergasung von rund 300.000 Juden aus dem Getto Warschau im Vernichtungslager Treblinka zwischen Juli und September 1942.«

153

Anzeige … Urteil gegen Beate Klarsfeld: Vgl. Kommentar zu B 152.

154

Werner Best: Vgl. Kommentar zu B 132.

155

Brief an meinen Sohn David: Wulf antwortete in einem Brief vom 2. August 1974 auf einen Brief von David Wulf (1936–2012) vom 28. Juli 1974, der die Frage enthielt: »Bist Du Jude?«. Die Kopie des Briefes, den Wulf an mehrere Personen schickte, ist in Jüngers Nachlass vorhanden (vgl. dazu Breysach, Verbrennen, S. 100f.).

156

Siedler … anbei meine Antwort: Siedler hatte Wulf am 26. Juli mitgeteilt, dass der Ullstein-Verlag sein Tagebuch nicht veröffentlichen könne. Wulf antwortete Siedler in einem Brief vom 1. August, in dem es u. a. heißt: »Ich suche keine Mäzene, aber ich suche Verleger, die verstehen, dass es bei meinen ›Tagebüchern eines Ostjuden‹ (das 21. Buch von mir und mein Lebenswerk) um ein kulturhistorisches Buch geht.«

Serge Klarsfeld: Der Historiker (geb. 1935) hat seit den siebziger Jahren, zum Teil zusammen mit seiner Frau Beate (s. o.), wegweisende Monographien und Dokumentationsbände zur Deportation von Juden aus Frankreich und Belgien in nationalsozialistische Konzentrationslager veröffentlicht, die auch ins Deutsche übersetzt wurden (vgl. Meyer, Der Beginn der »Endlösung« in Frankreich).

Als Beate den Bundeskanzler Kiesinger geohrfeigt hat: Beate Klarsfeld (s. o.) gab dem damaligen Bundeskanzler Kurt Georg Kiesinger (1904–1988), der seit 1933 Mitglied der NSDAP und seit 1945 Mitglied der CDU war, während des CDU-Parteitags am 7. November 1968 in Berlin eine Ohrfeige und bezeichnete ihn als Nazi. Die Aktion erregte große Aufmerksamkeit.

FAZ vom 7. August: dpa-Meldung (Kopie in Wulfs Nachlass).

Heinrich Böll: Der Schriftsteller (1917–1985) erhielt 1972 den Nobelpreis für Literatur.

157

Die Copie Ihres Briefes an Ihren Sohn David: Vgl. Kommentar zu B 155.

Memoiren von Speer und des Wälzers von Fest: Beide Bücher sind im Propyläen-Verlag der Ullstein-Gruppe erschienen: 1969 die »Erinnerungen« von Albert Speer und 1973 die Hitler-Biographie von Joachim Fest. Beide Bücher wurden Bestseller, enthalten aber Fälschungen und bewusste Fehldeutungen (vgl. Brechtken, Albert Speer, S. 363ff.).

Brief von Dr. Grünwald: Der israelische Anwalt Victor Grünwald richtete am 9. August 1974 an Jünger ein Schreiben, in dem es ohne Anrede heißt: »Sie sind der letzte deutsche Denker aus der grossen Zeit, und da ich Ihre Schriften kenne, möchte ich Sie fragen, ob Sie noch immer der Ansicht sind wie einst, die Juden wären moralisch verpflichtet gewesen das Christentum und seinen Stifter anzunehmen und auf ihre religiöse, nationale und sprachliche Eigenständigkeit zu verzichten?« Jünger antwortete am 18. August 1974 auf diesen Brief (DLA) und schickte eine Kopie an Wulf (vgl. B 158).

159

keine Bruchstücke für das Tagebuch: Vgl. Kommentar zu B 149 und Nachwort, S. 153.

Literaturverzeichnis zum Stellenkommentar

1. Bücher von Joseph Wulf

Yosef Volf, *Kritishe minyaturn*. Varshe [Warschau] 1939.

Yosef Volf, *Leyenendik Peretsn*, Buenos Ayres: Tsentral-farband fun Poylishe Yidn in Argentina 1948 (Poylishe Yidntum 35).

Léon Poliakov/Josef Wulf, *Das Dritte Reich und die Juden. Dokumente und Aufsätze*. Berlin: Arani 1955. – Weitere Ausgaben: als Broschurbd. ebd. 1961; München u. a. O.: Saur 1978 (Nachdruck der Ausgabe von 1955); Frankfurt/Main, Berlin: Ullstein 1983 (TB); Wiesbaden: Fourier 1989 (Hardcover).

Léon Poliakov/Josef Wulf, *Das Dritte Reich und seine Diener: Auswärtiges Amt, Justiz, Wehrmacht*. Berlin: Arani 1956. – Weitere Ausgaben: 2. Aufl. ebd. 1956; Berlin: Volk & Welt 1975; München u. a. O.: Saur 1978 (Nachdruck der Ausgabe von 1956); Frankfurt/Main, Berlin: Ullstein 1983 (TB); Wiesbaden: Fourier 1989 (Hardcover).

Josef Wulf, *Vom Leben, Kampf und Tod im Ghetto Warschau*. Köln 1958 (Schriftenreihe der Bundeszentrale für Heimatdienst 32). – Weitere Ausgaben: 2. Aufl. 1960; 3. Aufl. 1963.

Josef Wulf, *Raoul Wallenberg*. Berlin: Colloquium Verlag 1958 (Köpfe des XX. Jahrhunderts, Bd. 9). – Weitere Ausgaben: *Raoul Wallenberg. Il fut leur espérance*. Paris, Tournai: Casterman 1968 (erweiterte franz. Ausgabe).

Léon Poliakov/Josef Wulf, *Das Dritte Reich und seine Denker*. Berlin: Arani 1959. – Weitere Ausgaben: München u. a. O.: Saur 1978 (Nachdruck von 1959), Frankfurt/Main, Berlin: Ullstein 1983 (TB), Wiesbaden: Fourier 1989 (Hardcover).

Josef Wulf, *Heinrich Himmler. Eine biographische Studie*. Berlin: Arani 1960 (Das Dritte Reich und seine Mörder 2).

Josef Wulf, *Die Nürnberger Gesetze*. Berlin: Arani 1960 (Das Dritte Reich 4).

Josef Wulf, *Das Dritte Reich und seine Vollstrecker. Die Liquidation von 500.000 Juden im Ghetto Warschau*, Berlin: Arani 1961. – Weitere Ausgaben: München u. a. O.: Saur 1978 (Nachdruck der Ausgabe von 1961); Frankfurt/Main, Berlin: Ullstein 1984 (TB); Wiesbaden: Fourier 1989 (Hardcover).

Josef Wulf, *Lodz. Das letzte Ghetto auf polnischem Boden*. Köln 1962 (Schriftenreihe der Bundeszentrale für Heimatdienst 59).

Joseph Wulf, *Martin Bormann – Hitlers Schatten*. Gütersloh: Sigbert Mohn 1962.

Joseph Wulf, *Aus dem Lexikon der Mörder. ›Sonderbehandlung‹ und verwandte Worte in nationalsozialistischen Dokumenten*. Gütersloh: Sigbert Mohn 1963.

Joseph Wulf, *Die Bildenden Künste im Dritten Reich*. Gütersloh: Sigbert Mohn 1963. – Weitere Ausgaben: Reinbek: Rowohlt 1966 (TB); Frankfurt/Main, Berlin: Ullstein 1983 (TB); dasselbe 1989 (Hardcover).

Joseph Wulf, *Musik im Dritten Reich*. Gütersloh: Sigbert Mohn Verlag 1963; weitere Ausgaben: Reinbek bei Hamburg: Rowohlt 1966 (TB); Frankfurt/Main, Berlin: Ullstein 1983 (TB); dasselbe 1989 (Hardcover).

Joseph Wulf, *Literatur und Dichtung im Dritten Reich*. Gütersloh: Sigbert Mohn 1963. Weitere Ausgaben: Reinbek: Rowohlt 1966 (TB), Frankfurt/Main, Berlin: Ullstein 1983 (TB); dasselbe 1989 (Hardcover).

Joseph Wulf, *Theater und Film im Dritten Reich. Eine Dokumentation*. Gütersloh: Sigbert Mohn 1964. – Weitere Ausgaben: Reinbek: Rowohlt 1966 (TB), Frankfurt/Main, Berlin: Ullstein 1983 (TB); dasselbe 1989 (Hardcover).

Joseph Wulf, *Presse und Funk im Dritten Reich*. Gütersloh: Sigbert Mohn 1964. – Weitere Ausgaben: Reinbek: Rowohlt 1966 (TB), Frankfurt/Main, Berlin: Ullstein 1983 (TB); dasselbe 1989 (Hardcover).

Joseph Wulf (Hg.), *Yiddish-Gedichte aus den Ghettos 1939–1945*. Übersetzungen aus dem Yiddisch von Iris von Stryk. Berlin: Arani 1964.

Joseph Wulf, *L'industrie de l'horreur*. Aus dem Deutschen übersetzt von Pierre Noyer. Paris: Fayard 1970 [bisher keine deutschsprachige Ausgabe].

2. Weitere Literatur

Antaios 6 (1965), H. 5/6: *Ernst Jünger zum 70. Geburtstag* [als Buchausgabe unter dem Titel: *Farbige Säume. Ernst Jünger zum siebzigsten Geburtstag*. Stuttgart 1965].

Asmussen, Nils: *Hans-Georg von Studnitz. Ein konservativer Journalist im Dritten Reich und in der Bundesrepublik*. In: *Vierteljahrshefte für Zeitgeschichte* 45 [1997], H. 1, S. 75–119.

Benn, Gottfried/Jünger, Ernst: *Briefwechsel 1949–1956*. Hg., kommentiert und mit einem Nachwort von Holger Hof. Stuttgart 2006.

Boveri, Margret/Jünger, Ernst: *Briefwechsel aus den Jahren 1946–1973*. Hg., mit einem Vorwort versehen und kommentiert von Roland Berbig, Tobias Bock und Walter Kühn. Berlin 2008.

Brechtken, Magnus: *Albert Speer. Eine deutsche Karriere*. München 2017.

Breysach, Barbara: *Verbrennen, Widerstehen, Aufdecken und Bewahren. Über Joseph Wulfs Wirken in Krakau, Paris und Berlin*. In: Margrid Bircken/Helmut Peitsch (Hg.), *Brennende Bücher. Erinnerungen an den 10. Mai 1933*. Potsdam 2003, S. 95–109.

Fraenkel, Daniel/Borut, Jakob (Hg.): *Lexikon der Gerechten unter den Völkern, Bd. 1: Deutsche und Österreicher*. Göttingen 2005.

Herbert, Ulrich: *Best. Biographische Studien über Radikalismus, Weltanschauung und Vernunft 1903–1989*. Bonn 1996.

Jasch, Hans-Christian/Kaiser, Wolf: *Der Holocaust vor deutschen Gerichten. Amnestieren, Verdrängen, Bestrafen.* Stuttgart 2017.

Jünger, Ernst/Heidegger, Martin: *Briefe 1949–1975.* Hg., kommentiert und mit einem Nachwort versehen von Günter Figal und Simone Meier. Stuttgart, Frankfurt/Main 2008.

Jünger, Ernst/Hielscher, Friedrich: *Briefe 1927–1985.* Hg., kommentiert und mit einem Nachwort von Ina Schmidt und Stefan Breuer. Stuttgart 2005.

Jünger, Ernst/Schmitt, Carl: *Briefe 1930–1983.* Hg., kommentiert und mit einem Nachwort von Helmuth Kiesel. Neuausgabe. Stuttgart 2012 (1. Aufl. 1999).

Jünger, Ernst: *Zur Geiselfrage. Schilderung der Fälle und ihrer Auswirkungen.* Hg. von Sven Olaf Berggötz. Stuttgart 2011.

Jünger, Ernst: *Auf den Marmorklippen. Mit Materialien zu Entstehung, Rezeption und Debatte.* Hg. von Helmuth Kiesel. Stuttgart 2017.

Jünger, Gretha/Schmitt, Carl: *Briefwechsel (1934–1953).* Hg. von Ingeborg Villinger und Alexander Jaser. Berlin 2007.

Kempter, Klaus: *Joseph Wulf. Ein Historikerschicksal in Deutschland.* 2., durchges. Aufl. Göttingen 2014 (zuerst 2013).

Kiesel, Helmuth: *Ernst Jünger. Die Biographie.* München 2007.

Klee, Ernst: *Das Personenlexikon zum Dritten Reich.* Koblenz 2012.

Krüger, Dieter: *Hans Speidel und Ernst Jünger. Freundschaft und Geschichtspolitik im Zeichen der Weltkriege.* Paderborn 2016.

Lahme, Tilmann: *Golo Mann. Biographie.* Frankfurt/Main 2009.

Lörke, Tim: »*Schwierig und ablehnend*«. *Der Briefwechsel zwischen Hans Grimm und Ernst Jünger.* In: *Internationales Archiv für Sozialgeschichte der deutschen Literatur* 34 (2009), H. 1, S. 141–161.

Martus, Steffen: »*Das mag dann auch zu einer Grenzwanderung führen*«. *Der Briefwechsel zwischen Ernst Jünger und Theodor Heuß.* In: Peter Uwe Hohendahl/Erhard Schütz (Hg.), *Perspektiven konservativen Denkens.* Bern u. a. 2012, S. 137–161.

Meyer, Ahlrich: *Der Beginn der »Endlösung« in Frankreich – offene Fragen.* In: *Sozial.Geschichte,* N. F. 18 (2003), H. 3, S. 35–82.

Mohler, Armin (Hg.), *Die Schleife. Dokumente zum Weg von Ernst Jünger.* Zürich 1955.

Mühleisen, Horst: *Bibliographie der Werke Ernst Jüngers.* Begründet von Hans Peter des Coudres. Erweiterte Neuausgabe. Bibliographische Mitarbeit und Textredaktion: Nicolai Riedel. Stuttgart 1996.

Paetel, Karl O.: *Ernst Jünger in Selbstzeugnissen und Briefdokumenten.* Reinbek 1962.

Riedel, Nicolai: *Ernst-Jünger-Bibliographie. Wissenschaftliche und essayistische Beiträge zu seinem Werk 1928–2002.* Stuttgart, Weimar 2003.

Ott, Hugo: *Martin Heidegger. Unterwegs zu seiner Biographie.* Frankfurt/Main, New York 1988.

Sarkowicz, Hans/Mentzer, Alf: *Schriftsteller im Nationalsozialismus. Ein Lexikon.* Berlin 2011.

Schmitt, Carl: Vgl. Briefwechsel mit Ernst Jünger und Gretha Jünger.

Schöttker, Detlev/Hübner, Anja (Hg.): *Autoren schreiben Ernst Jünger 1945–1991.* Göttingen 2010.

Wojak, Irmtrud (Hg.): *Auschwitz-Prozeß 4 Ks 2/63.* Frankfurt/Main, Köln 2004.

Nachwort

Anja Keith und Detlev Schöttker

»In Beurteilung der Schandtaten«.
Zum Briefwechsel zwischen Ernst Jünger und Joseph Wulf

Seit Ende des Zweiten Weltkriegs hat sich Ernst Jünger selten über den National-sozialismus geäußert, sieht man von Aufzeichnungen in den 1958 erschienenen Tagebüchern *Jahre der Okkupation* ab. Hier berichtet er über Kontakte zu Hitler-Geg-nern in Berlin und Paris aus Anlass der Neuordnung seines Briefarchivs, das mit ca. 130.000 Schreiben eine Grundlage seiner Tagebücher bildet.[1] Ansonsten wehrte er Versuche von Historikern und Publizisten ab, die ihn zu Äußerungen über seine Zeit als Offizier der Wehrmacht zwischen 1939 und 1944 bewegen wollten. In dem hier vorgelegten Briefwechsel mit Joseph Wulf machte er Aus-nahmen, weil er sich dem Auschwitz-Überlebenden, der zu den frühen Histori-kern des Holocaust und der NS-Kultur zählte, verbunden fühlte. Dennoch lehnte Jünger die von Wulf geforderte Auseinandersetzung mit NS-belasteten Philoso-phen und Schriftstellern wie Martin Heidegger und Gottfried Benn ebenso ab wie mit Generälen der Wehrmacht, mit denen er seit den vierziger Jahren in Verbindung stand. Es kam deshalb zu Spannungen, die durch Jüngers Einlenken nicht eskalierten. Die Korrespondenz veranschaulicht die Einschätzung der NS-Zeit und ihre Aufarbeitung in der Nachkriegszeit aus zwei unterschiedlichen Perspektiven, wie im Folgenden zu zeigen ist.[2]

I. Zwei Chronisten des Holocaust

Mitte Dezember 1962 wandte sich Wulf mit der Bitte an Jünger, den Abdruck eines Briefes, den dieser im Juni 1934 an den *Völkischen Beobachter* geschickt hatte, in einem geplanten Buch mit dem Titel *Literatur und Dichtung im Dritten Reich* zu ge-nehmigen (B 1). Jünger hatte sich in diesem Schreiben dagegen verwahrt, dass in einer Beilage der Zeitung ein Text aus seinem 1929 erschienenen Buch *Das Aben-teuerliche Herz* ohne Quellenangabe abgedruckt worden war. Dadurch könne, so Jünger, der »Eindruck« entstehen, »daß ich Ihrem Blatte als Mitarbeiter« ange-

---

[1] Vgl. Detlev Schöttker, *Korrespondenz und Nachleben. Ernst Jüngers Briefarchiv.* In: Falko Schmieder/Daniel Weidner (Hg.), *Ränder des Archivs. Kulturwissenschaftliche Perspektiven auf das Entstehen und Vergehen von Archiven.* Berlin 2016, S. 111–134.

[2] Der Beitrag ist die erheblich erweiterte Fassung der Einleitung zu einer Auswahl des Briefwech-sels in *Jünger-Debatte 1: Ernst Jünger und das Judentum.* Frankfurt/Main 2017, S. 123–163. Das Zitat im Titel ist eine Formulierung in Jüngers Brief an Wulf vom 14. Januar 1965 (B 65), die Wulf in einem Brief vom 21. Januar 1965 (B 66) aufgreift.

höre. Dies sei »keineswegs der Fall«, vielmehr mache er »seit Jahren vom Mittel
der Presse überhaupt keinen Gebrauch«. Der Brief schließt mit einer grundsätzlichen Feststellung, die sich als Distanzierung gegenüber dem Nationalsozialismus
deuten lässt: »Mein Bestreben läuft nicht darauf hinaus, von der Presse möglichst
oft genannt zu werden, sondern darauf, daß über die Art meiner politischen
Substanz auch nicht die Spur einer Unklarheit entsteht.«[3]

Wulf kannte den Brief aus einer biographischen Dokumentation, die Jüngers
Sekretär Armin Mohler zum 60. Geburtstag seines ehemaligen Chefs zusammengestellt hatte. Der Abdruck unter der Überschrift »Begegnung mit dem National-
sozialismus« wird von Mohler, auf den noch einzugehen ist, wie folgt kommen-
tiert: »Endgültig bestärkt in seiner Ablehnung des Nationalsozialismus wurde
Jünger durch das Erlebnis des Umsturzes nach dem 30. Januar 1933. Mit seinem
Bruder Friedrich Georg besuchte er damals systematisch alle großen öffentli-
chen Veranstaltungen wie die Maifeier oder den Aufmarsch des ›Stahlhelm‹, die
Wahlversammlungen und Wahllokale, beobachtete die Schließung der jüdischen
Geschäfte, nahm als Zuhörer am Reichstagsbrand-Prozeß teil.«[4]

Wulf hatte weitere Bücher Jüngers gelesen – er las alles von und über ihn, wie
er schrieb –, darunter die Tagebücher aus der Zeit des Zweiten Weltkriegs: die
1942 erschienenen Aufzeichnungen über den Frankreich-Feldzug *Gärten und Straßen* und die 1949 erschienenen *Strahlungen* mit den »Pariser Tagebüchern« und den
»Kaukasischen Aufzeichnungen« über eine Inspektionsreise in die besetzten Gebiete der Sowjetunion. Wulf spricht hier von »Wertschätzung« und ergänzt den
Brief durch die Übersendung von zwei seiner Bücher, in denen er die Geschichte
der Ghettos von Lodz und Warschau dargestellt hat.[5]

Das 1962 erschienene Buch über Lodz las Jünger sofort, sodass er zwei Tage
später in einem Brief an Wulf darauf reagierte: »Ich habe mich sogleich in die
Aufzeichnungen über das Lodzer Ghetto vertieft« (B 2). Zugleich weist er auf seine Kenntnis der historischen Ereignisse hin, über die er 1943 von seinem Freund
und Briefpartner Friedrich Hielscher (1902–1990) informiert worden war. Wie
Jünger vertrat dieser in den zwanziger Jahren Positionen der sogenannten »Konservativen Revolution«, war seit 1933 im Widerstand gegen Hitler aktiv und traf
mehrfach mit Jünger zusammen.[6] Im Oktober 1943 besuchte er diesen in Paris
und informierte ihn über seine getarnte Inspektion des Lodzer Ghettos sowie die
massenhafte Tötung von Juden. Jünger hat dies in einer Aufzeichnung der *Strah-*

---

[3]   Zitiert nach der Neuausgabe von Joseph Wulf, *Literatur und Dichtung im Dritten Reich. Eine Dokumentation.* Frankfurt/Main, Berlin 1989, S. 7 (andere Seitenzählung als in der Erstausgabe von 1963).
[4]   *Die Schleife. Dokumente zum Weg von Ernst Jünger.* Zusammengestellt von Armin Mohler. Zürich 1955,
S. 85–88, hier S. 87.
[5]   Das Buch über das Ghetto von Lodz mit handschriftlicher Widmung an Jünger befindet sich in
dessen Nachlass-Bibliothek (*Lodz. Das letzte Ghetto auf polnischem Boden.* Köln 1962), nicht aber die beiden
Bücher über das Warschauer Ghetto von 1958 und 1961 (vgl. Literaturverzeichnis).
[6]   Vgl. Ernst Jünger/Friedrich Hielscher, *Briefe 1927–1985.* Hg. von Ina Schmidt und Stefan Breuer.
Stuttgart 2005.

lungen unter dem Datum vom 16. Oktober 1943 festgehalten (Hielscher bekam hier das Pseudonym Bogo). Er schreibt:

Besonders bestürzten mich Einzelheiten, die er aus dem Getto von Lodz oder, wie es jetzt heißt, von Litzmannstadt berichtete. […] Es leben dort hundertundzwanzigtausend Juden auf das engste zusammengedrängt, indem sie für die Rüstung arbeiten. Sie haben eines der größten Werke im Osten aufgebaut. So können sie sich fristen, da sie unentbehrlich sind. Indessen strömen aus den besetzten Ländern immer neue Juden als Deportierte zu. Um diese aus der Welt zu schaffen, sind nahe den Gettos Krematorien gebaut. Man schafft die Opfer dorthin in Autos, die eine Erfindung des Chefnihilisten Heydrich sein sollen – in ihnen werden die Auspuffgase ins Innere geleitet, das so zur Todeszelle wird. [Absatz] Auch soll es noch eine zweite Art der Schlachtung geben, die darin besteht, daß man die Opfer vor der Verbrennung nackt auf eine große Eisenplatte führt, die dann mit Starkstrom geladen wird. Man ist zu diesen Methoden übergegangen, weil sich zeigte, daß die SS-Leute, die man zur Abgabe der Genickschüsse bestimmt hatte, Störungen erlitten und sich zuletzt weigerten. Für diese Krematorien braucht man geringes Personal; es soll dort eine Art von höllischen Meistern und Knechten ihr Werk treiben. Dort also verschwinden die Massen von Juden, die man aus Europa zur ›Umsiedlung‹ verschickt. Das ist die Landschaft, in der Kniébolos Natur sich wohl am klarsten offenbart und die selbst Dostojewski nicht vorausgesehen hat. [Absatz] Die für die Krematorien Bestimmten müssen vom Gettovorsteher benannt werden. Nach langer Beratung mit den Rabbinern wählt er dazu die alten Leute und die kranken Kinder aus. Unter den Alten und Gebrechlichen sollen viele sich freiwillig melden – so schlagen solche fürchterlichen Händel doch immer zum Ruhme der Verfolgten aus (SW 3, 175f.).

Jünger war demnach über die systematische Ermordung der jüdischen Bevölkerung aus erster Hand informiert. Der Bericht bildet einen Zusammenhang mit weiteren Aufzeichnungen der *Strahlungen*, in denen er seine Kenntnis über die Deportation von Pariser Juden in die Konzentrationslager der besetzten Länder Osteuropas und die Ermordungen der jüdischen Bevölkerung in chronistischer Form festhielt. Sie sind zum Teil sehr emotional, wie dies bei Jünger selten der Fall ist. »Gestern«, so heißt es unter dem Datum vom 18. Juli 1942, »wurden hier Juden verhaftet, um deportiert zu werden – man trennte die Eltern zunächst von ihren Kindern, so daß das Jammern in den Straßen zu hören war. Ich darf in keinem Augenblick vergessen, daß ich von Unglücklichen, von bis in das Tiefste Leidenden umgeben bin. Was wäre ich sonst auch für ein Mensch, was für ein Offizier« (SW 2, 347).

Jünger war von Wulfs Brief und der Lektüre des Lodz-Buches so berührt, dass er dem Verfasser am Schluss seines Antwortschreibens ein Treffen und ein »persönliches Gespräch« vorschlug (B 2). Der Adressat nahm das Angebot an (B 3). Die erste Begegnung im Februar 1963, auf die noch einzugehen ist, führte dazu, dass neben den Austausch von Informationen und Auffassungen zur NS-Zeit eine freundschaftliche Dimension trat, die trotz mancher Differenzen bis zu Wulfs Suizid im Oktober 1974 von beiden Seiten nicht in Frage gestellt wurde. Das zeigen auch die Glückwunsch- und Ansichtskarten, die sich beide von Reisen, zu Festtagen und bei Ehrungen zukommen ließen. Sie bilden neben den thematisch

einschlägigen Briefen einen wichtigen Bestandteil dieser ungewöhnlichen Verbindung, die von beiden als solche empfunden wurde.

II. Biographie und Werk Wulfs

Wulfs Schicksal war Grundlage seiner Profession. Er wurde 1912 in Chemnitz
als Sohn einer wohlhabenden jüdischen Familie geboren, die 1917 nach Krakau
übersiedelte, einem der Zentren des Ostjudentums. Hier ging er zur Schule, begann ein Studium, machte eine Ausbildung zum Rabbiner und heiratete 1934.
1939 veröffentlichte er erste literarische Texte, da er als Schriftsteller arbeiten
wollte, doch veränderte der Einmarsch der Wehrmacht in Polen seinen Lebens-
plan. 1941 schloss sich Wulf einer jüdischen Untergrundorganisation an, die
gegen die deutsche Besatzungsmacht kämpfte. Im März 1943 wurde er von der
Gestapo verhaftet und kam ins Konzentrationslager Auschwitz. Seine Frau Jenta und sein Sohn David konnten sich bei einem polnischen Bauern verstecken.
Wulf selbst gelang bei einem der – als Evakuierung getarnten – Todesmärsche
im Januar 1945 die Flucht. Seine Eltern, sein Bruder und weitere Familienmit-
glieder wurden in NS-Lagern erschossen oder vergast. Seine Frau und sein Sohn
überlebten im Versteck.[7]
Die Lebenswege von Wulf und Jünger könnten unterschiedlicher kaum sein:
Während Wulf als Kämpfer gegen die deutsche Besatzung in Polen und als Insas-
se des Konzentrationslagers Auschwitz den Tod täglich vor Augen hatte, gehörte
Jünger als Offizier der Wehrmacht zum Stab des Militärbefehlshabers in Frankreich. Dieser koordinierte nicht nur die Besatzung des Landes, sondern schlug
auch die Deportation französischer Juden in die Konzentrationslager der besetzten Gebiete Osteuropas vor, um Erschießungen französischer Widerstandskämp-
fer zu umgehen, die Hitler befohlen hatte, nachdem Angehörige der Wehrmacht
in Frankreich bei Attentaten getötet worden waren. Die Deportationen gelten
in der historischen Forschung als Beginn des Holocaust, da sie entsprechende
Vorschläge auf der Berliner Wannseekonferenz vorwegnehmen, die Ende Januar
1942 stattfand.[8]
Jünger hat die Auseinandersetzungen zwischen dem Pariser Stab und dem
Oberkommando der Wehrmacht zu den Erschießungen im Auftrag des Militärbefehlshabers in Frankreich Otto von Stülpnagel in einer Schrift mit dem Titel
Zur Geiselfrage dokumentiert, aber die Folgen der angebotenen Alternative nicht

[7] Vgl. Aktion Sühnezeichen/Friedensdienste (Hg.), *Sachor – Nicht vergessen. Erinnerung an Joseph Wulf.*
Berlin 1989 und Gerhard Schoenberner, *Joseph Wulf. Aufklärer über den NS-Staat, Initiator der Gedenkstätte
Haus der Wannsee-Konferenz.* Berlin 2006.
[8] Vgl. Ulrich Herbert, *Die deutsche Militärverwaltung in Paris und die Deportation der französischen Juden.* In:
Ders. (Hg.), *Nationalsozialistische Vernichtungspolitik 1939–1945. Neue Forschungen und Kontroversen.* Frankfurt/
Main 1998, S. 170–208; Ahlrich Meyer, *Der Beginn der »Endlösung« in Frankreich – offene Fragen.* In: *Sozial.
Geschichte N.F.* 18 (2003), H. 3, S. 170–208.

vorhersehen können.[9] Da das Original verschollen ist und eine Durchschrift erst 2003 aus dem Nachlass Jüngers im Deutschen Literaturarchiv in Marbach veröffentlicht wurde, war sie Wulf nicht bekannt, sodass er sie in seinen Forschungen zum Holocaust nicht auswerten konnte, auch wenn sie im zweiten Brief von Jünger erwähnt wird (B 2).

Schon einen Monat nach der Flucht auf dem Todesmarsch gründete Wulf zusammen mit Freunden die Zentrale Jüdische Historische Kommission in Polen, die es sich zur Aufgabe machte, die nationalsozialistischen Verbrechen zu dokumentieren.[10] Von 1947 bis 1950 arbeitete er mit einer ähnlichen Mission in der Zentrale für die Geschichte der polnischen Juden in Paris. Wenig später ging er nach Berlin, wo er ein Mietshaus restituieren konnte, das sein Vater vor 1933 erworben hatte (Wulf verkaufte es 1964). In Berlin setzte Wulf seine Forschungen zum Nationalsozialismus und zum Holocaust fort. Seither sind zahlreiche Bücher entstanden, darunter eine vierbändige Dokumentation, die er – bis auf den letzten Band – gemeinsam mit Léon Poliakov herausgegeben hat: *Das Dritte Reich und die Juden* (1955), *Das Dritte Reich und seine Diener* (1956), *Das Dritte Reich und seine Denker* (1959) und schließlich *Das Dritte Reich und seine Vollstrecker. Die Liquidation von 500.000 Juden im Ghetto Warschau* (1961). Es folgten Bücher über Raoul Wallenberg (1958), die Nürnberger Gesetze (1960), Heinrich Himmler (1960), Martin Bormann (1962) und das Ghetto von Lodz (1962).

Anschließend veröffentlichte Wulf – wiederum in schneller Folge – eine weitere Serie mit Quellensammlungen zur Kultur im Nationalsozialismus, die er in den Briefen an Jünger mehrfach erwähnt hat: *Die Bildenden Künste im Dritten Reich* (1963), *Musik im Dritten Reich* (1963), *Literatur und Dichtung im Dritten Reich* (1963), *Theater und Film im Dritten Reich* (1964), *Presse und Funk im Dritten Reich* (1964). Es handelt sich wie bei der ersten Folge um Werke eines dokumentarisch arbeitenden Chronisten, nicht eines erzählenden Historikers. In einem Brief an Jünger vom März 1963 hat Wulf seine Methode kurz erläutert: »Ich sage ja kaum etwas, sondern lasse stets die Dokumente für sich sprechen. Sie werden allerdings bis ins Letzte peinlich genau analysiert, damit das Resultat dann sachlich kommentiert werden kann« (B 19).

Von Historikern wurden Wulfs Bücher ignoriert. Das lag nicht nur am dokumentarischen Verfahren in einer Disziplin, die die narrative Darstellung historischer Prozesse zum wissenschaftlichen Maßstab erhoben hatte. Vielmehr gehörte Wulf keiner wissenschaftlichen Institution an, sondern arbeitete als freier Autor vor allem für den Rundfunk.[11] Viele Historiker an deutschen Universitäten begannen ihre akademische Laufbahn dagegen im Nationalsozialismus und blo-

[9]   Vgl. Ernst Jünger, *Zur Geiselfrage. Schilderung der Fälle und ihrer Auswirkungen.* Hg. von Sven Olaf Berggötz. Stuttgart 2011.
[10]   Vgl. Frank Beer, Wolfgang Benz, Barbara Distel (Hg.), *Nach dem Untergang. Die ersten Zeugnisse der Shoah in Polen 1944–1947: Berichte der Zentralen Jüdischen Historischen Kommission.* Dachau, Berlin 2014.
[11]   Nachweise bei Klaus Kempter, *Joseph Wulf. Ein Historikerschicksal in Deutschland.* 2., durchges. Aufl. Göttingen 2014 (zuerst 2013), S. 399f.

ckierten entsprechende Forschungen.[12] Vor allem Konzentrationslager wurden bis in die späten achtziger Jahre in der NS-Geschichtsschreibung kaum behandelt, sodass die Ereignisse nur durch autobiographische Darstellungen von Überlebenden bekannt waren.[13]

Ausnahmen sind Reaktionen von Schriftstellern aus Anlass des Frankfurter Auschwitz-Prozesses, auf den noch einzugehen ist. 1965 veröffentliche Martin Walser in der Frankfurter *Abendpost* einen Essay mit dem Titel *Unser Auschwitz*, der 1965 im ersten Band des *Kursbuchs* nachgedruckt wurde und 1968 einen Band mit seinen Aufsätzen einleitete. Hier heißt es u. a.: »Was Auschwitz war, wissen nur die ›Häftlinge‹«.[14] Wulf wird nicht erwähnt. Das war auch bei Peter Weiss der Fall. Am Schluss seines dokumentarischen Dramas zum Frankfurter Auschwitz-Prozess, das 1965 − nach einem Vorabdruck im selben *Kursbuch* − unter dem Titel *Die Ermittlung* erschienen ist, nennt er Literatur, die er »studiert« habe, und hebt einige Titel hervor. Bücher Wulfs sind nicht darunter.[15]

Auch linke Historiker haben sich nicht mit dem Holocaust beschäftigt. Im Vordergrund standen für sie Faschismus-Theorien. So findet sich in einem einschlägigen Überblick, den Reinhard Kühnl 1979 bei Rowohlt als Taschenbuch veröffentlichte, nur ein »Exkurs: Antisemitismus und Massenmord an den Juden«, der vier Druckseiten umfasst.[16] Wulf wird nicht erwähnt, obwohl 1966 im selben Verlag ein Nachdruck seiner fünfbändigen Reihe über die Künste im Dritten Reich als Taschenbuch erschienen war (vgl. Literaturverzeichnis). Ein Grund für die Ausblendung der Konzentrationslager aus der linksorientierten Forschung war, dass die Kritik an der israelischen Palästina-Politik bei den Ideengebern und Vertretern der westdeutschen Studentenbewegung zu einer weitgehenden Tabuisierung der NS-Verbrechen führte.[17]

Die Ignoranz betraf nicht nur Wulf, sondern auch Jean Améry. Er wurde 1943 von der Gestapo in Brüssel verhaftet und zunächst nach Auschwitz, später nach Buchenwald und Bergen-Belsen deportiert. In den siebziger Jahren ist er durch autobiographische Essays über seine KZ-Erfahrungen bekannt geworden, sodass

---

[12] Vgl. Winfried Schulze, *Deutsche Geschichtswissenschaft nach 1945*. München 1989.
[13] Vgl. Norbert Frei, *Auschwitz und die Deutschen. Geschichte, Geheimnis, Gedächtnis*. In: Ders., *1945 und wir. Das Dritte Reich im Bewußtsein der Deutschen*. München 2009 (zuerst 2005), S. 170–197; Wolfgang Benz, *Nationalsozialistische Zwangslager. Ein Überblick*. In: Ders./Barbara Distel (Hg.), *Der Ort des Terrors. Die Geschichte der nationalsozialistischen Konzentrationslager*. 8 Bde. München 2005–2008, Bd. 1, S. 11–29; Detlev Schöttker, *Barackenbau und Wiederaufbau. Zur Verdrängung der Konzentrationslager im Architekturdiskurs der Nachkriegszeit*. In: Jörn Düwel/Michael Mönninger (Hg.), *Zwischen Traum und Trauma. Stadtplanung der Nachkriegsmoderne*. Berlin 2011, S. 217–229.
[14] Martin Walser, *Unser Auschwitz*. In: Ders., *Heimatkunde. Aufsätze und Reden*. Frankfurt/Main 1968, S. 7–22, hier S. 10.
[15] Peter Weiss, *Die Ermittlung. Oratorium in 11 Gesängen*. Frankfurt/Main 1965, S. 211.
[16] Vgl. z. B. Reinhard Kühnl, *Faschismustheorien. Texte zur Faschismus-Diskussion − ein Leitfaden*. Reinbek 1979, S. 209–213.
[17] Vgl. Götz Aly, *Unser Kampf 1968 − ein irritierender Blick zurück*. Frankfurt/Main 2008, S. 144–168; Wolfgang Kraushaar, *Vom tendenziellen Verschwinden der Antisemitismuskritik*. In: Ders., *Die blinden Flecken der 68er-Bewegung*. Stuttgart 2018, S. 170–187.

sich Wulf im August 1974 in einem Brief an ihn wandte, um ihm ein eigenes Tagebuch-Projekt vorzustellen.[18] Es handelt sich um die Dokumentation seiner Bemühungen zur Erforschung der NS-Vergangenheit und ihrer Blockierung durch Historiker und Politiker. Der Plan geht bis in das Jahr 1963 zurück (B 27), wurde aber nicht realisiert. In Briefen an Jünger kam Wulf immer wieder darauf zu sprechen, doch existiert in seinem Nachlass nur ein Exposé vom Juli 1974 sowie eine Aufstellung mit Dokumenten, zu denen auch der Briefwechsel mit Jünger gehört.[19]

Anders als Améry wurde Wulf immer wieder angefeindet, weil er mit der Publikation von Dokumenten zur NS-Kultur die Namen von Protagonisten bekannt gemacht hatte, die in staatlichen oder publizistischen Institutionen der Bundesrepublik tätig waren. Auch Jünger nennt als Grund für die begrenzte Rezeption von Wulfs Büchern in einem Brief vom August 1974, dass er »mit einer Reihe von Literaten unsanft« umgegangen sei, die »heute noch in der Presse mächtig« seien (B 157). Jünger spielt damit auf die Kontinuität der Biographien von Journalisten zwischen NS-Zeit und Bundesrepublik an, die er ebenso wie Wulf zu spüren bekam.[20]

Besonders diffamierend war ein Beitrag von Armin Mohler, der 1964 in der Wochenzeitung Christ und Welt erschienen ist. Mohler war 1942 aus der Schweiz nach Deutschland gegangen, um sich der Waffen-SS anzuschließen, wurde aber wieder abgeschoben und arbeitete – nach einer Promotion an der Universität Basel über Die Konservative Revolution in Deutschland 1918–1932 – seit 1949 als Sekretär Jüngers, bis er 1953 als Korrespondent für deutsche und Schweizer Zeitungen nach Paris ging. In seinem Artikel reagierte Mohler auf eine vorausgehende, sehr positive Besprechung von Wulfs Dokumentation Musik im Dritten Reich und bezeichnete diese als »eine jener schludrigen, zu Denunziationszwecken zusammengestellten ›Dokumentensammlungen‹ von Joseph Wulf, die von jeder Einordnung ihres Materials in den historischen Zusammenhang absehen und sich nicht den geringsten Gedanken über die Funktion eines Schriftstückes in einem totalitären Staate machen.« Schließlich heißt es: »Das ist nicht bloß mein subjektives Urteil. Es ist noch von jedem seriösen Historiker, den ich nach Wulf fragte, bestätigt worden. Unter vier Augen notabene; da Wulf Jude ist und im KZ war, hütet man sich, ihn offen zu kritisieren.«[21] Wulf schrieb darauf an Mohler, der den Brief

[18]   Vgl. Klaus Kempter, Die Linke und das »jüdische Problem«. Joseph Wulf schreibt im August 1974 an Jean Améry. In: Zeitschrift für Ideengeschichte 7 (2013), H. 1, S. 91–104.
[19]   Die Dokumente befinden sich im Nachlass Wulfs. Vgl. zu dem Projekt Nicolas Berg, Ein Außenseiter der Holocaustforschung – Joseph Wulf (1912–1974) im Historiker-Diskurs der Bundesrepublik. In: Leipziger Beiträge zur jüdischen Geschichte und Kultur, Bd. 1. Leipzig 2003, S. 311–346, hier S. 336–342, sowie Kempter, Joseph Wulf (Anm. 11), S. 271–278.
[20]   Vgl. Norbert Frei/Johannes Schmitz, Journalismus im Dritten Reich. München 1989; Lutz Hachmeister/Friedemann Siering (Hg.), Die Herren Journalisten. Die Elite der deutschen Presse nach 1945. München 2002.
[21]   Armin Mohler, Einbahnstraße in die Vergangenheit. Über Irrwege der Geschichtsbetrachtung. In: Christ und Welt vom 17. Juli 1964.

beantwortete, sodass Wulf ein weiteres Mal Stellung bezog.[22] Öffentlich reagierte
er nicht.

Auch in anderen Fällen beteiligte sich Wulf nicht an öffentlichen Debatten
über den Holocaust. Am Beginn stehen Hannah Arendts Artikel über den Prozess
gegen Adolf Eichmann in Israel, die 1963 in der US-amerikanischen Zeitschrift
New Yorker publiziert wurden und anschließend als Buch mit dem Titel Eichmann
in Jerusalem erschienen sind.[23] Da die deutsche Übersetzung des Buches 1964 veröffentlicht wurde, überschnitt sich die Diskussion von Arendts These über die
sogenannte »Banalität des Bösen« mit den publizistischen Auseinandersetzungen
um den Frankfurter Auschwitz-Prozess, die zwischen Dezember 1963 und August 1965 geführt wurden.[24] Wulf hatte für den Spiegel sogar eine Besprechung
verfasst, die allerdings nicht erschienen ist, da sie von der Redaktion als »etwas
zu ungerecht« abgelehnt wurde.[25] Ansonsten schwieg er. Selbst als Jünger auf
ein Todesurteil in der DDR zu einem in Auschwitz tätigen Arzt in einem Brief
vom 2. April 1966 zu sprechen kam, reagierte Wulf nicht, obwohl Jüngers These
provokant war: »Auch überzeugt mich das Todesurteil, das jetzt in der Ostzone
gegen einen KZ-Arzt gefällt wurde, mehr als der ganze westliche Auschwitz-Prozeß« (B 87).[26]

Nicolas Berg und Klaus Kempter haben in ihren Büchern dargelegt, wie iso-
liert Wulf innerhalb der NS-Geschichtsschreibung der Bundesrepublik war.[27]
Ausnahme blieb die sehr eindringliche Fernsehdokumentation, die Henryk M.
Broder und Frans van der Meulen 1981 unter dem Titel Joseph Wulf – ein Schriftsteller
in Deutschland für den Westdeutschen Rundfunk gemacht haben. Hier berichten
Freunde und Weggefährten wie Léon Poliakov, Rolf Hochhuth, Helmut Gollwitzer, Simon Wiesenthal, Peter Heilmann und andere über Leben und Werk. Doch
führte die Ausstrahlung nicht zu einer Rezeption der Schriften oder gar einer
Weiterführung der von Wulf begonnenen Arbeit.[28]

Gescheitert sind vor allem Wulfs Bemühungen, im Haus der Wannseekonfe-

---

[22] Jünger war über den Vorgang informiert, da er von Wulf die Artikel und Durchschriften der
Briefe bekam (vgl. Kommentar zu B 48).
[23] Vgl. Gary Smith (Hg.), Hannah Arendt Revisited: »Eichmann in Jerusalem« und die Folgen. Frankfurt/Main
2000.
[24] Vgl. F. A. Krummacher (Hg.), Die Kontroverse. Hannah Arendt, Eichmann und die Juden. München 1964;
Irmtrud Wojak (Hg.), Auschwitz-Prozeß 4 Ks 2/63. Frankfurt am Main. Köln 2004; Hans-Christian
Jasch/Wolf Kaiser, Der Holocaust vor deutschen Gerichten. Amnestieren, Verdrängen, Bestrafen. Stuttgart 2017.
[25] Vgl. Kempter, Joseph Wulf (Anm. 11), S. 320. Es handelt sich um ein Schreiben von Hans Detlev
Becker, dem Mitbegründer des Spiegel, an Wulf vom 23. Dezember 1964, das sich im Nachlass
Wulfs befindet.
[26] Vgl. den Stellenkommentar, S. 132 (zu B 87).
[27] Vgl. neben dem Buch von Kempter (Anm. 11) Nicolas Berg, Der Holocaust und die westdeutschen Historiker. Erforschung und Erinnerung. Göttingen 2003; das Wulf-Kapitel des Buches ist in erweiterter Form
erschienen in Berg, Ein Außenseiter der Holocaustforschung (Anm. 19).
[28] Bis in die Gegenwart finden sich in einschlägigen Publikationen keine Hinweise auf Wulfs
Bücher. Vgl. z. B. Norbert Frei, Vergangenheitspolitik. Die Anfänge der Bundesrepublik und die NS-Vergangenheit.
München 1996, oder Markus Roth, »Ihr wisst, wollt es aber nicht wissen«. Verfolgung, Terror und Widerstand im
Dritten Reich. München 2015.

renz in Berlin, in der im Januar 1942 die Vernichtung der europäischen Juden besprochen wurde, ein »Internationales Dokumentationszentrum zur Erforschung des Nationalsozialismus und seiner Folgeerscheinungen« zu gründen. Wulf hatte dafür seit 1968 ein Kuratorium mit prominenten Persönlichkeiten wie Karl Jaspers und Golo Mann gewinnen können und ließ sogar einen entsprechenden Briefkopf herstellen, den er auch für zwei Schreiben an Jünger verwendete (B 120 und 121 und Abb. 8). Doch wurde das Projekt vom Berliner Senat unter Beteiligung des Regierenden Bürgermeisters Klaus Schütz, der von 1977 bis 1981 deutscher Botschafter in Israel war, abgelehnt.[29]

Im Januar 1970 wurde Wulf die Ehrendoktorwürde der Freien Universität Berlin verliehen. Doch war dies kein Ersatz für die fehlende institutionelle Unterstützung seiner Arbeit. Schon die Begründung der Universität wird seiner Arbeit nicht gerecht, wie eine Kopie der Benachrichtigung des Dekans vom 19. Januar 1970 zeigt, die sich auch in Jüngers Nachlass befindet. Wulf wird hier als »unermüdlicher Ankläger der Greueltaten totalitärer Herrschaft« und als »Sammler und Forscher zahlreicher Quellen zur Zeitgeschichte, insbesondere solche zur Geschichte des Nationalsozialismus« bezeichnet (DLA). Die Schwerpunkte der Forschungen und Publikationen Wulfs aber waren der Massenmord an den Juden und die Zusammenarbeit von Künstlern, Schriftstellern und Publizisten mit dem NS-Regime.

Die Misserfolge scheint Wulf noch verkraftet zu haben, nicht aber den Tod seiner Frau Jenta im August 1973. Nach mehreren Krankenhaus-Aufenthalten, über die er Jünger in einem Brief vom Juni berichtete (B 146), überführte er ihren Leichnam im September 1974 nach Israel. Im Juli hatte er sich noch einmal mit einem offenen Brief zur Verurteilung von Beate Klarsfeld wegen der Entführung eines NS-Verbrechers sowie einem Leserbrief zur Mordanklage gegen einen NS-Verbrecher im Warschauer Ghetto engagiert, die er in Kopie an Jünger schickte (vgl. B 152). Doch blieben die Aktivitäten folgenlos. Am 10. Oktober 1974 beging Wulf Selbstmord, indem er aus dem Fenster seiner Berliner Wohnung im vierten Stock der Giesebrechtstraße 12 sprang. Zwanzig Jahre später, im September 1996, wurde hier eine Gedenktafel angebracht, die dem Lebenswerk gerecht wird: Wulf wird hier als »Pionier der Dokumentation von NS-Verbrechen« bezeichnet. Das Haus der Wannseekonferenz wurde 1992 »Gedenk- und Bildungsstätte«. Zwei Jahre später bekam die Mediothek des Hauses den Namen von Joseph Wulf, der dort 2012 aus Anlass seines 100. Geburtstags mit einer Sonderausstellung geehrt wurde.

---

[29] Götz Aly hat nach einem Quellenfund im Bundesarchiv in Koblenz darauf aufmerksam gemacht, dass Wulfs Projekt durch den Historiker Wolfgang Scheffler hintertrieben wurde. Er war Mitglied des Trägervereins »Internationales Dokumentationszentrum«, wollte aber selbst dessen Direktor werden. 1986 wurde er Professor am Zentrum für Antisemitismusforschung der TU Berlin (vgl. Götz Aly, *Projekt Wannseevilla — schändlich hintertrieben*, in: Berliner Zeitung, Nr. 17 vom 21. Januar 2019, S. 10).

III. Annäherungen und Differenzen

Mit der Bitte, den anfangs erwähnten Brief an den *Völkischen Beobachter* in seinem
Buch *Literatur und Dichtung im Dritten Reich* veröffentlichen zu dürfen, kam Wulf Jün-
gers Bemühungen in der Nachkriegszeit entgegen, seine Distanz gegenüber dem
NS-Regime einer größeren Öffentlichkeit bekannt zu machen.[30] Dazu gehören
Armin Mohlers Artikel *Ernst Jünger und sein Kriegstagebuch »Strahlungen«*, der 1948 in
der Zeitschrift *Der Ruf* erschien, die von Mohler herausgegebene Dokumentation
Die Schleife von 1955 und verschiedene Veröffentlichungen des in den dreißiger
Jahren in die USA emigrierten Publizisten Karl Otto Paetel, der auch die 1962
erschienene, im Briefwechsel mit Wulf erwähnte Rowohlt-Monographie über
Jünger verfasst hat (B 2 und 3).

In beiden Fällen handelt es sich um Anhänger Jüngers, während mit Wulf
erstmals ein polnisch-jüdischer Historiker mit großer Archivkenntnis dessen Distanz zum NS-Regime belegte. 1963 fand Wulf im Archiv der Preußischen Akademie der Künste noch ein weiteres, bis dahin nicht veröffentlichtes Dokument,
für das er Jünger ebenfalls um Publikationsgenehmigung bat (B 8). Es handelt
sich um die briefliche Absage an die nationalsozialistisch orientierte Deutsche
Akademie der Dichtung, die ihn im November 1933 als Mitglied berufen wollte.
In Jüngers Brief heißt es: »Ich beehre mich, Ihnen mitzuteilen, daß ich die Wahl
in die Deutsche Akademie der Dichtung nicht annehmen kann. Die Eigenart
meiner Arbeit liegt in ihrem wesentlich soldatischen Charakter, den ich durch
akademische Bindungen nicht beeinträchtigen will.«[31]

Für Wulf wurde Jünger damit zum Exempel für seine These, dass es für Intellektuelle in Deutschland Möglichkeiten gab, sich dem NS-Regime zu verweigern.
Noch vor Erscheinen seines Buches schreibt er am 27. Dezember 1962 an Jünger:
»Sie sind nämlich sozusagen der Held meiner Einleitung zum Buch ›Literatur
und Dichtung im Dritten Reich‹, d. h. ich analysiere und erklärte Ihr Verhalten
im Dritten Reich als Inbegriff der inneren Emigration eines Schriftstellers im
totalitären Staat« (B 4). Im Buch heißt es: «Der Scheideweg lag damals nicht zwischen rechts und links, war keine Frage von radikal oder konservativ, sondern
lediglich eine Frage des Charakters und der menschlichen Haltung; […] für die
Jahre 1933–1945 bestätigt Ernst Jünger diese Wahrheit unübertrefflich.«[32]

Wulf liefert also eine ethische Deutung zur Haltung Jüngers, äußert sich
aber nicht zu dessen Risikobereitschaft. Zu ihr gehörte die enge Beziehung zu
Hitler-Gegnern wie Friedrich Hielscher und Ernst Niekisch, die Publikation des

---

[30] Vgl. Detlev Schöttker, *Postalische Jagden. Ernst Jüngers Präsenz in der deutschen Literatur und Publizistik nach
1945.* In: Stephan Schlak u. a., *Ernst Jünger. Arbeiter am Abgrund.* [Ausstellungskatalog] Marbach 2010,
S. 221–248.
[31] Wulf, *Literatur und Dichtung im Dritten Reich* (Anm. 3), S. 37.
[32] Ebd., S. 6.

regimekritischen Romans *Auf den Marmorklippen* (1939) und die streng geheim ge-
haltene Zusammenarbeit mit Vertretern der Résistance seit 1941 in Paris.[33]

Das gegenseitige Interesse erklärt freilich noch nicht die freundschaftliche Ver-
bindung, die sich zwischen Wulf und Jünger im Laufe der Jahre entwickelt hatte.
Sie wurde auch nicht dadurch erschüttert, dass Jünger sich nicht von mehreren
Personen distanzierte, mit denen er brieflich in Kontakt stand, obwohl ihm Wulf
Informationen und Dokumente zu deren NS-Vergangenheit lieferte. Dazu gehö-
ren neben Gottfried Benn, Martin Heidegger und Carl Schmitt, sein Bibliograph
Hans Peter des Coudres, der Mitglied der SS war, sowie Werner Best, der hohe
Positionen im NS-Staat bekleidete. Wulf konnte darüber offenkundig hinwegse-
hen.[34]

Zu der freundschaftlichen Beziehung zwischen ihm und Jünger haben zwei-
fellos die gegenseitigen Besuche in Begleitung der Ehefrauen beigetragen. Das
erste Treffen fand im Februar 1963 statt. Wulf hatte seinen Urlaubsort, nämlich
Bad Saulgau, in Absprache mit Jünger in die Nähe von dessen Wohnort Wilflingen gelegt, um mit ihm zu reden; er sprach sogar von einer »Pilgerfahrt« (B
14). Nach mehreren nicht realisierten Besuchsplänen in den Jahren 1965 und
1966 trafen sich beide im März 1967, wiederum mit Partnern, in Wulfs Berliner
Wohnung (B 106 und 107 sowie Abb. 1/Frontispiz). Danach gab es zwei weitere
Besuche Jüngers in Berlin im April 1971 (B 138 und 139) sowie Ende des Jahres
1973, nachdem Wulfs Frau Jenta einige Monate zuvor gestorben und er selbst
schwer erkrankt war (B 144 und B 147).

Zu Jenta Wulf hatte Jünger eine besondere Verbindung geknüpft, wie die Briefe
zeigen. Ausdruck fand sie schließlich in einer Geste ein Jahr nach ihrem Tod.
Denn im Sommer 1974 ließ Wulf in Israel im Namen Jüngers fünf Bäume pflan-
zen und dokumentierte dies durch eine Urkunde (Abb. 10). Die Geste knüpft an
eine Widmung für Jenta Wulf an, die Jünger in ein Buch mit dem Titel *Bäume*
geschrieben hatte, das 1962 in Zusammenarbeit mit dem Photographen Albert
Renger-Patzsch erschienen war. Von der Baumstiftung war Jünger sichtlich gerührt, sodass er in seinem Brief an Wulf vom Juli 1974 eine für ihn ungewöhnli-
che Formulierung wählte, die er in den zweiten, 1981 erschienenen Band seiner
späten Tagebücher *Siebzig verweht* aufnahm: »Wir beide, nach Art und Herkunft so
verschieden, begegneten uns mit Frau Jenta im Humanen – das reicht tiefer als
Übereinstimmung in der Meinung und hält länger vor« (B 150; SW 5, 182).

Jünger spielt hier auf Differenzen an, die die Korrespondenz mit Wulf durch-
ziehen. Dazu gehören erstens unterschiedliche Auffassungen zu Carl Schmitt

---

[33]   Vgl. Helmuth Kiesel, *Zwischen Affirmation und Kritik. Ernst Jüngers Auseinandersetzung mit dem Nationalsozialismus.* In: Günther Rüther (Hg.), *Literatur in der Diktatur.* Paderborn u.a.O. 1997, S. 163–172; Detlev
Schöttker, *Ernst Jünger, Sophie Ravoux und Joseph Breitbach. Zum deutsch-jüdischen Widerstand in Paris (1941–1944).*
In: Jünger-Debatte 1/2017: *Ernst Jünger und das Judentum.* Hg. von Thomas Bantle, Alexander Pschera und
Detlev Schöttker. Frankfurt/Main 2017, S. 51–66.
[34]   Vgl. zu des Coudres B 29 und 139 sowie zu Best B 134 und die entsprechenden Stellenkom-
mentare.

(B 44), Martin Heidegger (B 64–66) und Gottfried Benn (B 86–88), mit denen er korrespondierte,[35] zweitens zu deutschen Generälen, zu denen er gute Beziehungen pflegte (B 91–97). Anders lag der Fall bei Beate Klarsfeld, die 1974 von einem Kölner Gericht zu einer Freiheitstrafe von zwei Monaten verurteilt wurde, da sie gemeinsam mit ihrem Ehemann Serge Klarsfeld versucht hatte, Kurt Lischka, der für die Deportation von Juden aus Frankreich verantwortlich war, von Deutschland nach Frankreich zu entführen (B 152–156). Hier variierte Jünger, der die Deportationen Anfang der vierziger Jahre in Paris erlebt und in den *Strahlungen* erwähnt hatte, seine Formulierung der Verbundenheit noch einmal, als er in seinem letzten Brief vom 18. August 1974 an Wulf schrieb: »Wir differieren in der Ansicht, sind aber im Humanen einig – das ist viel besser, als wenn wir bei gleicher Überzeugung menschlich einander mißtrauten« (B 157).

Die Gegensätze wurden erstmals im Januar 1965 deutlich, als Jünger meinte, dass er zu Hitler »nichts Neues« sagen könne, und zugleich eine positive Haltung zur Philosophie formulierte (B 62), die Wulf zurückwies, da er an Intellektuelle dachte, die sich für den NS-Staat ausgesprochen hatten. Weil Jünger dazu keine Stellung nahm (B 63), reagierte Wulf mit heftigen Vorwürfen gegen Heidegger (B 64), die sich indirekt auch gegen den Briefpartner richteten, sodass sich dieser am 14. Januar zu einer Grundsatzerklärung genötigt sah: »Die Beantwortung Ihrer Fragen müßte Bücher füllen; es mag Ihnen genügen, daß ich in Beurteilung der Schandtaten mit Ihnen einig bin. Ich habe daraus auch nie einen Hehl gemacht, besonders dann nicht, als es hochgefährlich war« (B 65). Da Wulf die Erklärung nicht genügte, lieferte Jünger weitere Erläuterungen, denen er in einem Brief vom 8. Februar 1965 eine psychologische Richtung gab: »Ich kann mich in Ihre Lage versetzen, denn sie ist ähnlich jener, in der ich mich während der zwanziger Jahre befand. Mich bedrückte damals wie Sie heute ein großes Schicksal, in das ich als junger Mensch hineingezogen worden war. Es dauerte lange, bis ich den Ersten Weltkrieg verdaut hatte. Da mußte ich von neuem anfangen, und dieser Übergang ist schwer. Ich wünsche Ihnen dazu alles Gute, denn Sie haben es verdient« (B 67).

Noch deutlicher waren die Meinungsverschiedenheiten im Jahr 1966 zur Rolle der Wehrmacht und der deutschen Generäle. Hier bezog Wulf deutlich Stellung gegen Jünger, wie sein Brief vom 26. Juli zeigt: »Selbstverständlich war es für die Armee eine Tragödie, solchen Hitler zum Oberbefehlshaber zu haben, doch heute – 1966 – muß sich jeder Wehrmachtsangehörige darüber klar sein, daß jedes von der Wehrmacht eroberte Territorium von SS, Sipo, SD, Gestapo verwaltet wurde. Wäre ich ein patriotischer Deutscher, müßte ich doch aus diesen Erkenntnissen Schlüsse ziehen. […] Mir ist jede Manipulation zuwider, aber genauso jedes Verschweigen oder Beschönigen« (B 93). Auch jetzt bemühte sich

---

[35]   Alle drei waren mit Beiträgen in einer Festschrift zum 60. Geburtstag Jüngers vertreten. Vgl. Armin Mohler (Hg.), *Freundschaftliche Begegnungen. Festschrift für Ernst Jünger zum 60. Geburtstag.* Frankfurt/ Main 1955.

Jünger um Entschärfung: »Ich habe ja von Ihnen nur Gutes erfahren und weiß außerdem, daß Sie keinen Grund haben, hier Land und Leute wohlwollend anzusehen. Mir liegt im Gegenteil daran, daß Ihre Position haltbar bleibt, wenn Sie einmal nicht mehr grünes Licht haben« (B 94).

Jünger versuchte also, der historisch-politischen Auseinandersetzung auszuweichen und diese auf eine psychologische Ebene zu verlagern. Doch sind die Folgen der NS-Zeit und des Krieges auch an ihm nicht spurlos vorübergegangen, wie Erinnerungen von Michael Klett, dem Sohn von Jüngers Verleger Ernst Klett, zeigen. Aus Anlass von Jüngers Tod machte er für die Jahre nach 1945 die folgende Mitteilung zu Jüngers Befindlichkeit: »Es wird berichtet, er sei irgendwann in seinen späten Fünfzigern und den frühen Sechzigern ein Jahr lang jeden Morgen aufgestanden und habe den Tag, gesellschaftlich korrekt gekleidet, vor sich hinstarrend in einem Sessel verbracht.«[36] Zwar gibt es für die Zeit zwischen 1949 und 1964 keine Tagebuch-Aufzeichnungen Jüngers, doch deckt sich der knappe Bericht mit den Befunden der empirischen Psychiatrie über die Verarbeitung von Kriegstraumata in der Nachkriegszeit.[37]

Wulf entwickelte für Jüngers Psyche allerdings keine Sensibilität und akzeptierte dessen Ausweichen nicht. Vielmehr versuchte er weiterhin, den Briefpartner zum Mitstreiter seiner Aufklärungsarbeit zu machen. Im September 1965 wollte er ihn zur Teilnahme an einem Fernsehgespräch in der Reihe »Zur Person« mit Günter Gaus bewegen, mit dem er bereits Kontakt aufgenommen hatte; doch ließ sich Jünger nicht darauf ein (B 76–78). Im Januar 1967 versuchte Wulf seinen Briefpartner zur Mitwirkung an einer Dokumentation über die Geschichte der Wehrmacht zu gewinnen, die er seit 1966 für das Fernsehen plante (B 88 und 102); doch lehnte Jünger wiederum ab (B 103). Die Situation wiederholte sich bei Wulfs Bitte um ein Vorwort zu einem geplanten Buch über die SS, das 1970 in Frankreich unter dem Titel *L'industrie de l'horreur* erschienen ist (B 121 und B 122).

IV. Wulf und die Folgen im Spätwerk Jüngers

Trotz der Absagen hat Jünger das Anliegen seines Briefpartners in späteren Aufzeichnungen beschäftigt. Zu ihnen gehört ein autobiographischer Beitrag, den er bald nach dem letzten Besuch bei Wulf Ende 1973 in Berlin verfasste. Hier ist er auf Fragen eingegangen, die in der Korrespondenz offen geblieben waren. Der Beitrag hat die Form eines Briefes und trägt den Titel *Ausgehend vom Brümmerhof*. Er ist – so die Ergänzung – »Alfred Toepfer zum 80. Geburtstag« gewidmet. Das

---

[36]   Michael Klett, *In Memoriam Ernst Jünger. Abschiedsgedanken.* In: Merkur 52 (1998), H. 5, S. 445–447, hier S. 446.

[37]   Vgl. Svenja Goltermann, *Die Gesellschaft der Überlebenden. Deutsche Kriegsheimkehrer und ihre Gewalterfahrungen im Zweiten Weltkrieg.* München 2009.

am Schluss genannte Datum (»Agadir, den 28. März 1974«) kann sich nur auf
die Reinschrift beziehen, denn der Beitrag ist mit etwa 25 Druckseiten so um-
fang- und detailreich, dass Jünger dafür mehrere Wochen benötigt haben muss.
Er erschien im Juli 1974 in einer Festschrift für Toepfer und in erweiterter Form
Ende 1974, also bald nach Wulfs Tod, in der Zeitschrift *Scheidewege*.[38]

Ob die Korrespondenz mit Wulf direkten Einfluss auf die Ausführungen hatte, ist nicht nachweisbar, doch gibt Jünger hier nach *Strahlungen* (1949) und *Jahre
der Okkupation* (1958) so ausführlich wie an keiner anderen Stelle seines Werks
Auskunft über seine Verbindungen zu Gegnern Hitlers nach 1933 und zu jenen
Offizieren in Paris, die zu den Verschwörern des 20. Juli gehörten. Über die Bewertung ihrer Haltung war es zwischen Jünger und Wulf zu den erwähnten Divergenzen gekommen, da Jünger Stellungnahmen dezidiert ablehnte. »Ich habe
den Eindruck«, so heißt es im Februar 1965 in einem Brief an Wulf, »meine Zeit
fruchtbarer anzuwenden, wenn ich mich mit künftigen Dingen, wie etwa dem
Weltstaat, beschäftige«. Zugleich teilte er Wulf mit, dass er den geplanten Besuch
in Berlin »verschieben« müsse, da er sich »entschlossen habe, eine Einladung
Hamburger Freunde nach Wilsede anzunehmen« (B 67).

Es handelt es sich um den Hamburger Kaufmann Alfred Toepfer (1894–1993),
der Gäste auf das von ihm Anfang der dreißiger Jahre erworbene Gut Thansen in
der Lüneburger Heide einlud. Von 1933 bis 1936 gehörte ihm auch der dortige
Brümmerhof. Schon seit Ende der zwanziger Jahre hatte Toepfer Kontakte zu unterschiedlichen Persönlichkeiten aus europäischen Ländern, die sich ideologisch
am Nationalsozialismus orientierten oder ihn ablehnten.[39] Zu den Gegnern gehörte neben den Brüdern Jünger auch Ernst Niekisch (1889–1967), die sich 1935
auf dem Brümmerhof trafen, wie Jünger berichtet (SW 14, 108). 1937 wurde
Niekisch wegen seiner Kritik an Hitler von der Gestapo verhaftet und 1939 zu
lebenslangem Zuchthaus verurteilt; doch hielt Jünger zu dessen Familie weiterhin Kontakt. In der Haft erlitt Niekisch schwere körperliche Schäden, über die er
Jünger in einem Brief vom 20. Februar 1946 berichtet hat.[40]

Im ersten Teil des Beitrags *Ausgehend vom Brümmerhof* (bis Abschnitt 9) stellt Jünger
die Auffassungen von Niekisch und seinem Kreis um die Zeitschrift *Widerstand*
dar, zu dem er als Mitarbeiter und zeitweiliger Redakteur gehörte. Die Vorstel-
lungen der Gruppe ließen sich »schwer präzisieren«. Er schreibt: »Will man das
Programm, das Niekisch im ›Widerstand‹ entwickelte, auf eine dürre Alternative
bringen, so etwa: gegen den Bürger, für den Arbeiter, gegen die westliche, für
die östliche Welt« (SW 14, 108). Im zweiten Teil des Beitrags berichtet Jünger
über seine Begegnung mit Alfred Toepfer im Juli 1943 in Paris, die zur Abfassung

---

[38]   Vgl. Horst Mühleisen, *Bibliographie der Werke Ernst Jüngers. Erweiterte Neuausgabe*. Stuttgart 1996, Nr.
568 und 569.
[39]   Vgl. Georg Kreis u. a. (Hg.), *Alfred Toepfer. Stifter und Kaufmann – Bausteine einer Biographie: Kritische
Bestandsaufnahme*. Hamburg 2000; Jan Zimmermann, *Alfred Toepfer*. Hamburg 2008.
[40]   Abdruck in Detlev Schöttker/Anja Hübner (Hg.), *Im Haus der Briefe. Autoren schreiben Ernst Jünger
1945–1991*. Göttingen 2010, S. 10–13.

seiner zukunftsgerichteten Abhandlung *Der Friede* führte. Die Verbindung liefert den Ausgangspunkt für Jüngers Darstellung seiner Verbindungen zu den Hitler-Gegnern im Pariser Stab. Doch bleibt er hier noch allgemeiner als im ersten Teil: »Die Begegnungen illustrieren den Umfang der Palette. [...] Die Skala war entsprechend. [...] Je heißer das Pflaster wurde, desto üppiger entfaltete sie sich« (SW 14, 126).

Anders als im Fall von Toepfer und Niekisch trat Jünger publizistisch nicht für Wulf ein. Nur einmal erwähnte er ihn in einem Text mit dem Titel *Besuch bei Gottfried Benn*, der 1970 in der *Frankfurter Allgemeinen Zeitung* erschienen ist. Er spricht hier mit Bezug auf die Archivstudien seines Briefpartners vom »unermüdlichen Joseph Wulf«, was er dem Betroffenen mitteilte (B 135). Im selben Jahr übernahm er den Text unter dem Titel *Rückkehr nach Godenholm* in sein Buch *Annäherungen. Drogen und Rausch* (SW 11, 368). Doch konnten zeitgenössische Leser mit dem Hinweis nur dann etwas anfangen, wenn sie das Benn-Kapitel in Wulfs Buch »Literatur und Dichtung im Dritten Reich« kannten. Über Wulfs Bücher und seine Aufklärungsarbeit erfährt man dagegen nichts.

Ohne Zweifel war es Wulfs große Hoffnung, dass Jünger seine Leistung öffentlich würdigt. Was er für diesen mit der Einleitung in *Literatur und Dichtung im Dritten Reich* getan hatte, nämlich die Befreiung vom Vorwurf, den Nationalsozialismus geistig vorbereitet und die Verbrechen des Regimes ausschließlich distanziert beobachtet zu haben, erwiderte Jünger nur auf privater Ebene durch Zuspruch und Ermunterung. Bereits 1966 meinte Jünger zu Wulfs Vorschlag, den gemeinsamen Briefwechsel zu veröffentlichen (B 86), dass man damit warten sollte, »bis wenigstens einer der Korrespondenten ad patres gegangen« sei (B 87).[41]

In den späten Tagebüchern *Siebzig verweht*, deren Aufzeichnungen 1965 beginnen und bis 1996 reichen, hat Jünger dreimal auf die Korrespondenz mit Wulf hingewiesen (SW 4, 216; 5, 182 und 313). Über Umfang und Bedeutung findet sich hier allerdings kein Wort. Dennoch weist bereits die zweite Aufzeichnung im ersten Band von *Siebzig verweht* unter dem Datum vom 4. April 1965, ohne dass Wulfs Name hier fällt, auf dessen Einfluss hin (SW 4, 9). Jünger bezieht sich hier auf zwei Archivfunde seines Briefpartners: die Absage der Berufung an die Deutsche Dichterakademie und die Anweisung von Joseph Goebbels, dass »die Zeitungen« gebeten werden, »nichts zu bringen« über diesen Brief.[42]

Beide Funde hatte Wulf seinem Briefpartner 1963 mitgeteilt (B 8 und B 28). Sie markieren damit nicht nur den Beginn des Briefwechsels, sondern auch den Beginn der späten Tagebücher. In der Tat setzte Jünger hier fort, was er im Dialog mit Wulf begonnen hatte: eine Auseinandersetzung mit dem Nationalsozialismus, die ihn über lange Zeit beschäftigte, wie Aufzeichnungen in den

---

[41] Jünger hat dies auch im Falle seines Briefwechsels mit Alfred Kubin (1877–1959) so gehalten, den er 1975 publizierte (vgl. Ernst Jünger/Alfred Kubin, *Eine Begegnung*. Berlin 1975).

[42] Das zweite Dokument wurde 1964 publiziert in Joseph Wulf, *Presse und Funk im Dritten Reich. Eine Dokumentation*. Frankfurt/Main, Berlin 1989, S. 93.

fünf, zwischen 1980 und 1996 erschienenen Bänden von *Siebzig verweht* zeigen. Da beide Korrespondenzpartner den gemeinsamen Briefwechsel in ihrem Archiv überliefert haben, lässt sich der Einfluss Wulfs mit der vorliegenden Edition nun genauer verfolgen.

Abkürzungen

DLA Deutsches Literaturarchiv, Marbach (Nachlass Ernst Jünger)
ZA   Zentralarchiv zur Erforschung der Geschichte der Juden in Deutschland,
     Heidelberg (Nachlass Joseph Wulf)
SW   Ernst Jünger, *Sämtliche Werke.* 22 Bde. Stuttgart: Klett-Cotta 1978–2003. –
     Durchgesehene Neuausgabe ebd. 2015 (text- und seitenidentisch).
     Jeweils zitiert mit Band- und Seitenangabe.
B   Brief (incl. Postkarte, Ansichtskarte etc.)
Hs. Handschriftlich

Bildnachweise

Abb. 1/Frontispiz: Fotografie von Ursula Böhme (Privatbesitz)
Abb. 2, 4, 5, 6, 8, 10: Deutsches Literaturarchiv, Marbach
Abb. 3, 7, 9:   Zentralarchiv zur Erforschung der Geschichte
                      der Juden in Deutschland, Heidelberg

Personenregister

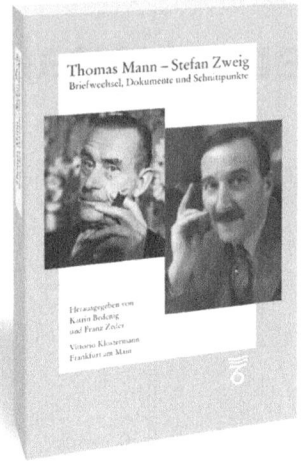

**Thomas Mann – Stefan Zweig:
Briefwechsel, Dokumente
und Schnittpunkte**
Kartonierte Sonderausgabe
Hrsg. von Katrin Bedenig
und Franz Zeder
2018. 464 Seiten. Kt 39,80 €
ISBN 978-3-465-04373-7

Es gehört zu den Merkwürdigkeiten der Thomas Mann- und
Stefan Zweig-Forschung, dass eine der letzten Lücken im weit-
gespannten Korrespondenznetz der beiden Autoren den gegenseitigen Briefwechsel betrifft. Dieses Versäumnis wird mit der
Edition dieses Bandes nachgeholt. Die Bedeutung des Briefwechsels liegt dabei vor allem in seinem dokumentarischen Wert für
die Jahre des Exils. Darüber hinaus gibt er Einblick in das kom-
plexe und widersprüchliche Verhältnis zwischen Thomas Mann
und Stefan Zweig. Die Ausgabe bringt erstmals alle gegenwärtig
bekannten Schriftstücke aus der Korrespondenz in neuer Tran-
skription. Der Briefwechsel wird durch einen umfangreichen
Anhang ergänzt, der Dokumente und Texte zusammenführt,
die für den Briefwechsel und die chronologische Darstellung von
Bedeutung sind.

»Meticulous edition.« *Times Literary Supplement*

»Der meisterhaft edierte und kommentierte Briefwechsel zeugt
eindrucksvoll von den Irrungen und Wirrungen einer der tra-
gischsten Epochen der Geschichte.« *Neue Zürcher Zeitung*

VITTORIO KLOSTERMANN